浙江省创意农业工程中心系列丛书

浙江创意农业50例

胡 伟 胡 豹 等 编著

中国农业出版社

变革，为农业发展注入了新的活力，为农民增收开辟了新的途径。

《浙江创意农业50例》全面总结和介绍了近年来浙江省各地推进农业生产经营创新、加快转变农业发展方式的主要做法和经验，图文并茂，易懂易学，对全省各地促进农业增效、农民增收具有现实的指导意义和借鉴作用。

农业现代化是“两富”现代化浙江建设的重要组成部分。当前和今后一个时期，我们要坚持走中国特色农业现代化道路，按照工业化、信息化、城市化、农业现代化同步发展的要求，以“两区”建设为主要载体，积极构建现代农业产业体系，大力培育现代农业经营主体，加快农业生产经营体制创新，推动农业发展方式加快转变，力争到2020年全省基本实现农业现代化。

推进农业发展方式转变，必须加强农业科技创新、种养方式创新和经营模式创新。希望全省各级农业部门、农业科研单位和广大农业科技工作者，坚持以科学发展观为指导，进一步增强责任感和使命感，心系“三农”、服务“三农”，结合“两区”建设和美丽乡村建设，不断研究完善和总结推广更受农民群众欢迎的农业发展新模式，为浙江省农业科技进步和农业现代化建设作出积极贡献。

中共浙江省委副书记、

浙江省人民政府省长 李强

2013年10月21日

前　言

自20世纪90年代后期以来，创意农业先后在发达国家和我国发达地区率先发展起来，不论是法国以环保生态功能为主的创意农业、德国生活社会功能性创意农业、荷兰以创汇经济功能为主的创意农业、日本“一村一品”的创意农业，还是北京多点开花发展创意农业、台湾以民本农本理念发展创意农业、上海深度挖掘含金量发展创意农业、海南的综合创意农业示范园区、四川成都“五朵金花”创意农业的发展都方兴未艾。

浙江农业历史悠久，农耕文化积淀深厚，创意农业源远流长。改革开放以来，浙江农业发展经历了从传统农业向效益农业进而向高效生态农业的历史性转变，现代农业建设迈出坚实步伐。特别是近几年来休闲观光农业的蓬勃兴起、农业节事活动的广泛开展、农村文化建设的大力推进和现代农业园区的积极创建，为浙江创意农业的深入发展奠定了坚实的基础。然而从整体上看，浙江的创意农业作为产业还处于起步阶段，整体规模较小，尚未提升到一个独立的业态来加以发展。已有的著述也习惯于将创意农业置于休闲观光农业产业的“从属”和“配角”地位。因此，为了把创意农业作为新的农业经济增长点来培育，延伸创意农业的产业链和价值链，加大相关科研投入与技术储备，提升规模化和集约化水平，学者和业界亟待梳理总结创意农业发展经验，用于指导创意农业的健康发展。

正是在这种背景下，浙江省创意农业工程技术研究中心和现代农业创意技术浙江省工程研究中心（依托于浙江省农业科学院）率先组织力量，在充分调查研究的基础上，着手编写《浙江创意农业50例》一书。希望通过该书的出版向读者推介浙江创意农业发展情况，借以引起社会各界对创意农业的重视与关注。

由于各地自然、人文、农业资源和经济发展水平的差异，创意农业点、模式和类型呈现出多样性。该书从挖掘现代农业科技知识与传统农业智慧、展示浙江省创意农业前沿技术和产业创意点视角出发，调研收编了50多个创意农业典型案例，并归纳为创意农业实体发展模式、休闲观光创意农业、智能化创意农业工程技术研发、创意农业技术研发、非耕地创意农业研发研发、农作制度创新工程技术等六大主题类型，以揭示浙江省现阶段创意农业发展实践的最新成果。

本书筛选的这些案例，是近年来涌现在浙江各地具有规模性、代表性、典型性的创意农业发展的生动实践样本。它们既体现了科技的创新、体制的创新、管理的创新和思路的创新，也彰显了文化的创意、载体的创造和能人的创业，它们是近年引领浙江农业产业转型升级、推动农业发展方式转变和推进农业生产经营创新的示范样板和核心力量，它们的先行先试为促进浙江创意农业发展发挥了先锋模范带动作用。本书充分展示它们所闯出的路子、积累的经验、主要的做法，通过文字介绍和图片展示，做到图文并茂，易懂易学，对于进一步引导现代农业经营主体参与创意农业发展，提升浙江农业发展层级，助推浙江“高效生态农业强省”和“特色精品农业大省”的构建和建设“物质富裕”、“精神富有”的现代化浙江，具有重要的现实指导意义和借鉴作用。我们期盼此书的出版对推动创意农业这一农业产业新型业态的发展能起到抛砖引玉的作用。

编著者

2013 年 10 月 10 日

目　录

第一章

创意农业内涵特征及发展模式

一、创意农业的内涵

创意农业是以农业为载体，在农业产业化推动下，将创意作为一种新型农业生产要素，以创意为引领和手段，以综合技术为支撑，通过创意嵌入、渗透和整合，拓展农业多功能和农业产业链，形成农业发展的新业态，实现新型农业现代化发展支撑城乡融合、产业融合、产城融合、产村融合的现代农业发展模式。要清晰界定创意农业内涵，将创意农业与其他农业发展模式区别开来，至少要从以下几方面理解其内涵：

一是创意农业应尊重农业的基本属性和既定的“社会事实”。任何现代农业发展模式创新都应基于对农业生态系统结构与功能的原理与方法的把握，良好的空气、水体、土壤所构成的农业生态系统和当地特色文化资源禀赋是创意农业的根基所在。同时，尊重既定的“社会事实”是进行创意农业研究应坚守的基本原则。发展创意农业，一定要与当地的地理环境、自然资源、社会习俗等相结合，否则再好的创意也可能是昙花一现，不可能做到可持续发展。当地的自然资源、农业资源、文化资源、农民智力资源是创意农业发展的基础，也最有可能创造具有唯一性的创意农产品和农业活动。

二是创意农业应彰显农民的主体地位和农业产业化的引领作用。因此，在创意农业发展过程中需树立农民的“主体”本位意识。如卢勇（2010）所言：“无论多好的创意，如果不能让农民得到增收和持续增收的实惠，创意者将会成为孤芳自赏的孤家寡人，创意农业的社会意义也将无法体现。”为达到发展创意农业实现农民增收的终极目标，通过产业化发展使资源转化为资本是创意农业的发展主线。一方面，创意农业借助创意产业的思维逻辑和发展理念，以农村的生产、生活、生态资源为依托，通过创意拓展和整合，将科技、文化、社会、人的创造力等各项资源作为一种生产要素，投入到农业研发、生产和销售全产业链的各个环节中，实现产业链各环节的增值。另一方面，创意农业是一种文化艺术含量高、附加值高的农业新业态。创意农业强调用文化元素提升农业产业附加值，通过创意的投入使农产品具有市场吸引力和竞争力，创造出新价值和新市场空间手段，从而实现农产品和产业的增值。第三，创意农业是一组相互关联的产业链，能够实现反复交易的知识产权（专利、商标、品牌等）位于农业产业链的价值高端，是创意农业的价值核心，具有强大的辐射力，能够带动相关产业，形成产业群，提升农村区域的整体价值。

三是创意作为生产要素的“渗透、辐射、融合”是创意农业的核心特征。具有极强的渗透、辐射和融合能力是创意农业区别于其他现代农业发展模式最显著的区别。首先，创意农业融合食品加工、商贸物流、科普会展、教育培训、休闲观光、文化创意等多个相关产业，构建多功能、复合型、创新性产业结合体（陈剑平，2012）；形成一、二、三产业各领域全面拓展，多种业态并存，有机交织，多元经营，共同发展，生产、生活、生态和谐的良好格局。其次，创意渗透到不同层次的产业体系，以多种形式与不同的产业相融合，形成以文化创意为核心的产业系统和价值实现系统，给农村带来新的区域品牌和系列衍生产业。形成基于创意农业的包括核心产业、支持产业、配套产业和衍生产业四个层次产业群的全景产业价值体系（厉无畏等，2009）。在整个创意农业产业体系中，第一、二、三产业互融互动，传统产业和现代产业有效嫁接，文化与科技紧密融合，传统功能单一的农业及加工食用农产品成为现代时尚创意产品的载体，发挥引领新型消费潮流的多种功能，也因此开辟了新市场，拓展了新的价值空间，产业价值的乘数效应十分显著。

四是创意农业的产业优势来自知识经济及范围经济。创意农业是知识经济的典型业态，其关键在于它除了具有科技生产力这一引擎外，又增添了一个“新引擎”——文化生产力。创意农业的发展就是文化生产力在农业生产和农村生活中大释放的过程。它是一种以无形的智力消耗来创造有形价值的生产模式，其产值来自源源不断的创意，其发展不是创新活动在空间上的简单集聚，而是通过向相关产业渗透、重组、改造产业链各环节并提升其产值。创意农业在赢得竞争时凭借的不仅是成本节约的优势，更主要的是基于价值链整合的组织优势。它以产业融合为依托，改变了以往以追求规模经济为目标的产业技术范式，转而采用以追求跨领域范围经济为目标的新的产业技术范式。

五是创意农业的发展动力源自技术与非技术领域的双重创新因素。创意农业是经济发展到一定阶段的产物，其创新首先来自技术领域的创新因素。创意思维在向价值转化之时，除了依赖市场竞争机制外，还要有信息经济提供的技术能力和传播能力作为必要条件，从而使个体层面的创意获得广泛受众的积极响应，并成为下一轮创新活动的先导力量；使创新不仅体现在研发等源头环节，而且还贯穿于生产的中间环节及产品的终端环节；其次，非技术领域的创新因素，如制度、组织、战略、政策等，起到了协同与保障创意农产品或服务市场价值增长的作用，并将最终引起技术创新模式的适应性变革，从而使得创意农产品的价值来源更趋多样化，创新过程也大大缩短，专业化分工的效率及创意农产品的市场竞争力也随之进一步提升。

六是创意农业本质是一种现代可持续农业发展模式。创意农业有其特定的产业背景、技术体系和基本模式，属于可持续发展农业具体发展模式之一。尤其是相对传统的农业经济发展模式以资源消耗为代价，创意农业主要依靠非物质的智力、社会及文化等资本，来提升农产品的市场价值，其是一种以无形智力消耗来创造有形价值的生产模式。这种发展模式不仅体现了经济生态文明以及自然生态文明的要求，同时也促进了文化社会生态文明的发展，还原当地的社会生态，大力拓展其社会功能，从而实现了生态、经济、社会多元复合可持续发展。具体而言，创意经济和创意产业的发展理念通过政府（政策支持）、农户（理念采纳）、产业化组织（组织载体）三者的协同推进（co－stakeholders）；种养技术、创意理念、管理措施的协同控制（co－control）；农业多功能性多目标多利益的协同发展（co－benefits），通过农业产业各环节渗透和一、二、三产业的相互融合，让第二、第三产业附着在第一产业上，使原本为第一产业的农业拓展为综合产业（陈剑平，2012）；最大程度地丰富农业的功能，使农产品的产前、产中、产后整个过程都产生经济效益和社会效益，提高农产品附加值，增加农民收入，引入人文关怀，促进新农村建设，并逐步推动农业发展方式的根本转变。最终依托区域创意农业综合体，形成以生态文明和文化

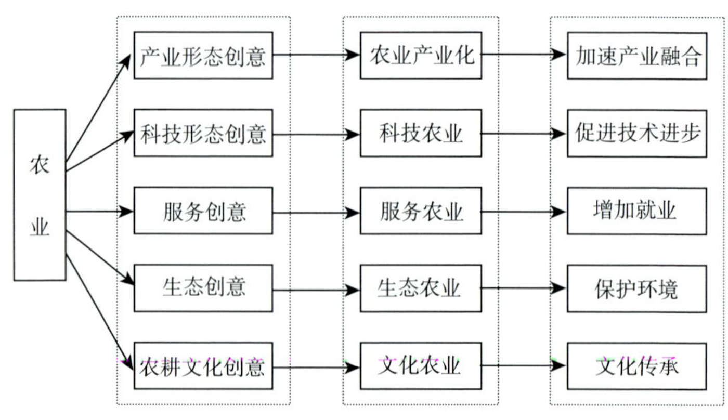

创意农业的科学内涵及功能

建设引领城乡一体化建设、以新型农业现代化发展引领支撑新型城镇化发展、以新型城镇化和高效生态化提升新型工业化的城乡融合、产业融合、产城融合、产村融合的“新融合”路径，实现“四化同步”和美丽城市建设与美丽乡村建设双轮驱动的美丽中国建设。

二、创意农业的创新理念

发展创意农业是我国由现代农业初步实现到基本实现进程中可持续农业的具体实现模式之一，从经济角度来讲，发展创意农业是农业自身多功能性供给与消费者多功能性需求的契合。作为诞生于农业发展新阶段的新生事物，创意农业首先是创新发展理念，以文化建设渗透经济社会发展的新理念、生态优势生成持续发展优势的新理念、“三位一体”（产业一体、产村一体、产城一体）推进城乡一体发展的新理念、集成创新驱动突破转型发展障碍的新理念、群众路线激活民间创新创业的新理念，带动新内涵的理解、新模式的拓展、新机制的创新，彰显创意农业其鲜明的时代特征。创意农业的创新理念具体体现在以下四大方面。

首先，从科技创新和文化创意的角度提升农业附加值，拓展市场空间创意。农业运用文化创意新力量，以科技创新与文化创意相结合的“两创”发展新思路，去挖掘和开拓文化生产力在新农村发展中的巨大潜力和价值空间，推动我国农业生产力提高和新农村的全面发展。发展创意农业，就是在以科技创新提升农业农村经济品质的同时，以文化创意来提升农业农村经济的品位，即通过科技创新和文化创意的双重力量来创新农业生产方式和发展模式，提高农产品附加值。众所周知，科技是生产力，通过科学种田、科学养殖、科技创新将不断提高农业生产力，已成为我国建设社会主义新农村，实现“生产发展，生活宽裕”的主要路径。然而，在创意经济时代，文化创意所释放的文化生产力也已经成为推动经济发展不可忽视的原动力。党的十七大报告首次提出了要解放文化生产力以及提高文化软实力的战略要求。所谓文化生产力是指“人们围绕满足人类心理需求，运用文化资源，把人类自身的思想、意志和情感作为文化资源生产文化产品、提供文化服务和创造社会财富的能力”。而农业作为自然生态系统，本身具有多功能性和自然淳朴的农耕文化禀赋。这里文化资源已成为一种生产要素，可投入各类产业，提高产业附加值和创造财富。

其次，从创意产业的角度建设农业产业链，实现价值最大化。相对于现代农业研发、生产、加工和销售的产业发展模式，创意农业的特色及其优势在于能够以文化创意为核心，构筑多层次“全景产业链”，通过创意把文化艺术活动、农业技术、农副产品和农耕活动以及市场需求有机结合起来，形成彼此良性互动的产业价值体系，为农业和农村的发展开辟全新的空间，实现产业价值最大化。创意农业已经跳出了传统农业生产的范畴，是一个产业体系，包括核心产业、支持产业、配套产业和衍生产业等多层次。目前我国大城市郊区有不少特色农业园区，也拓展了观光农业、休闲农业等功能，但仅仅停留在农业生产过程的一些采摘、观赏、休闲等活动，真正的第一、二、三产业融合互动的产业体系尚未形成，农业生产活动和科技创新、文化创意的综合效能尚未得到有效发挥。

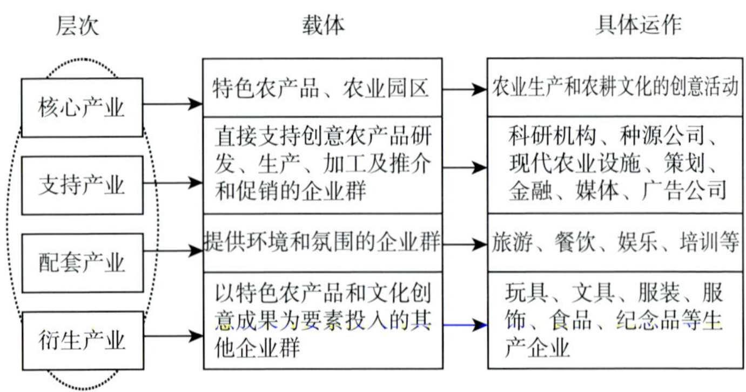

创意农业全景产业链

再次，从综合目标的角度创新农业发展模式，弘扬农村地方文化。创意农业强调以自然、经济、社会共同发展的多元目标取代单一的经济目标，在发展经济的同时注重人的发展，回归农业经济发展的本来目的，即提升人居生活品质，为农民创造物质利益和精神利益双丰收的新格局。随着科学发展观的贯彻，农业技术的创新发展以及工业、农业、服务业的融合，现代农业、休闲农业、精致农业和生态农业等在我国发达地区的农村相继发展起来。这些农业新业态通常以现代农业园区为载体，以追求高效农业为目标，强调的是农业生产力的提高、农产品品质的提升、农业生态休闲功能的拓展，其资源配置和规划建设以农业生产和农产品为核心。一些园区通过招商引资方式，由追逐利润最大化的投资商承包经营大规模的土地，一些农村几乎沦为“农业工厂”，规模化所导致的现代农业园区“工业化”的思维和布局倾向显著。一方面，造成了城市各郊县在农村自然景观上的雷同，在产业结构上的同构化；另一方面，田园风光趋于人工化，这不仅弱化了农村的人文环境，也使得鲜活的乡土文化气息和民俗风情逐渐丧失。创意农业本身首先是尊重农业的自然属性，强调充分开发区域农业原有的资源和文化以及具有个性特征的多样化“城乡阴阳”之美，同时将生态优势转化为生态富民。

最后，从城乡互动的角度构建农业生产和市场的共生体，增强“三农”的造血功能。创意农业的发展模式强调城乡互动，通过缔结城乡共生体，着力培育“三农”自身造血功能，形成城乡一体化发展的新局面。目前我国解决“三农”问题通常的办法是采取救济，即通过“输血”的方式在短期解决生存问题，而从根本上解决农业和农民的自身“造血”功能是政府一直在探索和寻求的创新之路，创意农业通过“创意”作为生产要素的渗透、辐射、拓展的特性，推动“城乡融合、产业融合、产城融合、产村融合”创新理念和构建的新型生活方式将为“三农”增强自身造血功能提供一条创新之路。

三、创意农业的特征

创意产业与物质产业相比，既有产业属性，又具有意识形态属性。产业属性决定了它必然遵循经济学中普遍的供求法则和市场规律，而其意识形态属性又使它受到社会文化规律本身的制约。创意农业是一产与文化产业相融合的新型业态，它充满了创造力、想象力和艺术感染力，既具有创意产业的共有属性和特征，也具有农业特色。归纳起来，创意农业应具有以下五个显著特征。

创意农业的产业相融性。创意可以说是不同知识、不同学科、不同技术和不同产业间的交叉、辐射和融合的产物（任钰，2011）。创意农业已超过作为生存物质的特性，借助于创意思维逻辑和发展理念，可以与任何产业融合，拓宽延长产业链，实现产业间互动和创新，实现农业生产方式的转变。创意农业可与服务产业相融合，也可以与加工业相融合，从某种意义上讲创意农业实现了“三产”融合、城乡融合、产城融合、产村融合。通过创意拓展和整合，将技术、文化、社会、人的创造力等各项资源作为一种生产要素，投入到农业研发、生产和销售产业链的各个环节，形成创意农业综合体，实现现代农业的创新发展模式（厉无畏，2009）。同时，创意农业具有较强的辐射力，也可能带动相关产业发展，对其他相关产业的渗透和辐射也很强，最终形成创意农业产业集群，提升农村区域整体价值。

创意农业的高效高值性。在农产品生产过程中，通过加入创意元素，形成创意农产品，可以最大限度地满足各类消费者的高档次、感观性、猎奇性追求，实现消费者的精神效用最大化。创意农业不仅能够提高农业综合效益，直接增加农民收入，而且能够拓展农民就业空间，实现多环节增收；有利于全面提高农产品性能、劳动生产率和资源利用率，科技和文化知识附加值比例明显高于普通农产品和服务。创意农产品直接面对消费者，其产品已超出农产品作为生存物质的特性，具有了一种精神和文化需求的特性，更大程度地满足和丰富人们精神需求，既拉长了农产品产业链，更提升了农产品价值链。

创意农业的文化艺术性。创意农业是以文化、创意为核心，运用知识和技术，产生出新的价值，是创意灵感在农业中的物化表现。它是文化与技术相互交融、集成创新的产物，呈现出智能化、特色化、个性化、艺术化的特点，创意产品的价值并非局限于产品本身的价值，还在于它们所衍生的文化艺术附加价值。通过创意，不断创造出农业和农村的新观念、新技术和其他新的创造性内容，其典型特性是通过语言、文字、艺术等，将农产品和农业生产过程赋予文化内涵和价值，给人以超越物质的精神享受。

创意农业的外部经济性。创意的价值并不是来源于稀缺，而是来源于普及，普及程度越大，其价值也越大，创意农业具有正外部性。创意农产品的生产成本很大程度上取决于创意提供的成本，而与消费者数量关系不大，生产者在生产中享受规模收益递增。对创意农产品消费人数的增加不仅不会带来拥挤成本，反而会带来共享收益，其消费具有收益递增性。创意提出后，追随者的模仿成本小于创意提出者的成本，这种创意外溢有利于追随者发挥后发优势。

创意农业的技术交叉性。创意农业是现代生物技术、工业技术、农业技术、信息智能技术等各种技术以及经济、文化、生活习惯等相互融合的产物，创意农业所生产的产品、所创造的农业活动是新思想、新技术、新内容的物化形式，是多领域、多知识、多学科、多文化和多种技术、多种思想交叉、渗透、辐射和融合的产物，具有较强的技术集成性和产业融合性、渗透性。

四、创意农业发展模式研究

作为一个实践性研究领域，关于国内外创意农业发展路径和模式选择（含国内外创意农业发展模式经验借鉴）的文献占了已有研究的绝大部分。

从创意农业发展路径研究来看。王爱玲等（2010）提出创意农业的创意路径，即科技创意、文化创意、服务创意、生态创意。刘丽伟（2010）提出创意农业的本质是创意产业，“技术与非技术进步＋创意＋文化＋市场”是创意农业运行、增值及可持续发展的关键，并系统分析了创意农业的运行与增值路径：一是对农业产业各环节进行文化创意以形成产业价值体系；二是运用知识产权位于农业产业链价值高端的优势，带动形成产业群；三是发展模式的深刻转型，即传统的农业经济发展模式以资源消耗为代价，创意农业则不然，它主要依靠非物质的智力、社会及文化等资本，来提升农产品的市场价值。张荣娟和陶卓民（2010）以南京为例，分析了南京发展创意农业的基本条件，探讨了未来南京发展创意农业在突出创意农产品新奇特色、展示创意农产品生产过程、打造农产品创意营销过程、挖掘农产品创意农耕文化、培养创意农业品牌五方面的发展路径。

从创意农业发展模式研究来看。厉无畏和王慧敏（2009）发表在《农业经济问题》上的题为《创意农业的发展理念与模式研究》的文章是创意农业发展模式研究引用和转载率最高的一篇文章，在深入分析了创意农业创新理念的基础上，提出创意农业四种发展模式：一是资源转化为资本模式，具体包括：以创意产业的手法将资源转化为推动农村发展的资本；以创意产业的思维整合各类社会文化资源为农业生产服务，提升农产品的附加值；二是全景产业价值体系模式，是指通过农业知识产权的反复交易，形成不同层次的产业体系，带动相关产业和整个区域的发展；三是市场消费拓展模式，采取城乡互融互动的手段，通过城市消费市场的培育和乡村自然环境、生活文化与历史脉络的综合塑造，在创意农业的市场和生产两者之间实现有效对接，使得创意农业的新业态、新商品和新价值能够直接转化为市场效益；四是空间集聚发展模式，表现形式是创意农业园区和创意农业集聚带。任钰等（2010）基于北京农业资源和文化资源，提出民俗文化植入、低碳生态强化、特色产业发展、产品加工创意四种模式。马俊哲（2010）从创意农业学科体系的视角，提出创意农业的基本形态，包括：环境设计型、生产创新型、产品赋意型、循环利用型、科技展示型、文化开发型。

从创意农业发展模式国内外经验借鉴研究来看。从国外创意农业发展模式经验借鉴研究来看，主要集中在对荷兰、日本、德国、英国、法国、新加坡等国家。刘丽伟（2010）总结了世界都市型现代农业代表慕尼黑、巴黎、新加坡的创意农业发展经验。其中德国为了满足都市居民在生活、休闲、娱乐等方面的需求，在郊区农村实施了“绿腰带项目”（包括干草方案、菜园方案、森林方案和骑术治疗项目）；法国以环保生态功能为主的创意农业，巴黎的创意农业具有较强的生态、景观、休闲和教育功能，其中生态环保功能尤为明显；新加坡高科技（设施农业）高产值为主的创意农业，重点发展现代化农业科技园，尤其是具观赏休闲和出口创汇功能的高科技农业园区，发展高经济价值作物的同时，大力开发农业的休闲、生态及美化等功能，市区周围创造了被称为“城市动植物园”的特别饲养场及农耕区。刘丽伟（2013）结合荷、日、德、英等国实践，总结了其发展创意农业在宏观调控扶持；挖掘区域特色资源潜力、开发农业多功能性（三个主要观点：农村的生产、生活及生态资源是发展创意农业的基础，各类地方文化资源是发展创意农业的重要组成部分，创造多元复合的生态文明是创意农业的突出功能）；产业高度融合，价值乘数效应显著；创新生活，塑造品牌，开拓消费市场四方面的经验。并介绍了荷兰的“高科技创汇型”创意农业、日本的“多功能致富型”创意农业、德国的“社会生活功能型”创意农业、英国的“旅游环保型”创意农业四大集创意经济、文化经济及体验经济环境基础之上的创意农业发展模式。从国内创意农业发展模式经验借鉴研究来看，主要集中在对台湾、四川、北京、上海、浙江等地。任钰（2010）总结了四川红砂村、万福村、驸马村、幸福村和江家堰村“五朵金花”在打造花乡农居、幸福梅林、江家采地、东篱菊园、荷塘月色，将创意农业与休闲旅游产业融合发展和创意农业推进城乡一体化整体发展方面的经验。干经天等（2008）总结了上海创意农业发展模式，包括：信息开发型创意农业（基本模式为：现代信息技术＋栽培创意＋农业产业）；形态开发型创意农业（基本模式为：现代科技＋形态创意＋农业产业）；文化开发型创意农业（基本模式为：文化＋内涵创意＋农业产业）；艺术开发型创意农业（基本模式为：艺术＋情景创意＋农业产业）。陈良伟等（2010）总结了北京“多点开花”发展创意农业、台湾“以民本农本理念”发展创意农业、上海“深度挖掘含金量”发展创意农业的主要经验，提出了浙江省在以休闲体验为主题，打造休闲旅游型创意农业；以农业会展为依托，打造节庆会展型创意农业；以涉农组织和农业基地为支撑，打造科技品牌型创意农业；以农业资源与特色文化为基础，打造文化工艺型创意农业方面的主要经验。

综观已有研究，创意农业发展路径基本上是以科技创新和文化创意作为两翼，通过科技创意、文化创意、服务创意、生态创意四大路径；而创意农业发展模式可概括为产业“接二连三进四”模式、农产品生产布局创意模式、农业与自然景观结合模式、农产品后续加工创意模式、农业文化挖掘与博览模式以及产业升级与耕作创新模式。

五、创意农业研究总体评述

综观国内外创意农业研究文献，国外文献几乎没有创意农业这个词，多采用“creative rural economy”一词，研究集中在基于创意经济和创意产业原理基础上，以及从与创意城市比较的视角，对创意乡村经济在产业（industries）吸引力、创意人才（workforce or class）保障、创意载体

(community or region) 三方面对创意产业和创意人才吸引力进行阐述，根据乡村所具有的各种资源，提出具体乡村创意农业发展的具体模式。值得注意的是：采用“rural”而非“agriculture”一词更强调创意农业除生产功能外的生态和社会等多种功能。国内文献研究集中在创意农业内涵研究和发展模式方面。从研究方法上看，除采用罗默生内生技术进步模型推导证明“创意”作为一种生产要素具有促进经济增长的可能外，国内外创意农业的研究都采用定性研究方法。

我国创意农业无论在研究视角、研究内容和研究方法上与国外都存在一定差距，主要存在以下突出问题：

一是缺乏深入系统的理论研究。即使创意农业研究强调农业多功能性和多学科交叉研究视角，属于应用研究，但是也应该有主导学科基础的支撑，并为实践提出新的发展方向。如以经济学为基础研究创意农业经济增长数量和结构特征以及对农户和消费者福利影响等，或以社会学为基础研究创意农业多种生态效益和社会效益。因为缺乏深入理论研究基础，所以对于农业如何吸引创意产业和创意人才以及如何搭建创意载体等创意农业可持续的长效机制极度匮乏，而缺乏学理基础且尚存概念界定含糊、零碎的学科知识观点运用到实践中去，很容易造成创意农业短期化，甚至造成“破坏性的创意”(creative destruction)。

二是缺乏成本—收益分析。创意农业作为一种现代农业发展模式和新型业态，国内外研究表明，创意平台的建设、创意环境的营造、创意氛围的塑造、创意意识的提升、创意产品的创建、创意人才的培养等项目，前期投入时间长、资金沉积量大，创意农业目前还需要政府的积极引导和政策的强力扶持，需要能够激励经营主体推动创意农业发展的全面、系统的制度和体制设计，更需要社会各界的通力协作，因而对发展创意农业的经济效益、社会效益、生态效益进行全面分析以及“成本—收益”定量分析十分必要，显然目前此方面的研究几乎处于空白状态。

三是缺乏对微观农户创意农业意愿和农业产业组织相关作用的研究。创意的产生，更多的是农户建立在已有知识基础上的个人思想行为和学习行为，而目前只有王志刚等（2010）构建了农户认知模型和采纳模型分析影响农户对创意农业认知和采纳的影响机制。而缺乏理论研究和微观农户研究，正如陈良伟等（2010）调查指出，目前农户对发展创意农业主要有三种理念理解方面的偏差：第一种是认为农业发展就是实实在在的种植、养殖业，“创意”是工业或第三产业的特有词汇，农业中不可能存在创意。第二种是认为创意农业只是换个称谓而已，实质上并没能脱离休闲观光农业、都市农业、多功能农业的范畴，纯粹是一种文字游戏，不可能有持久的生命力。第三种是认同创意农业，但在参与创意农业发展的过程中，简单地停留在模仿层面，盲目跟风、盲目拷贝，创意不足、千篇一律，而没有把握农业“创意”的灵魂。此外，尚未见作为“下联农户、上联市场”具有中介作用的农民专业合作组织、农业龙头企业、专业协会等农业产业化合作组织和服务组织在创意农业发展中的地位和作用的研究。

四是缺乏系统的创意农业发展政策和机制设计研究。由于目前研究主要集中在创意农业的泛泛研究，而实际中最大的问题是农业用地的合理流转利用及土地制度问题，尤其是创意农业土地利用规模、交易成本和机会成本等，以及工商资本从事创意农业的管理问题。如何通过产业定位、科技支撑、主体培育、政策支持、资金扶持等系列体制机制创新和政策设计，使农业成为既兼具生态、人文、文化禀赋，又具有极大包容性和吸引力的创新载体，吸引创意人才和创意产业集聚，是需要重视的问题。

创意农业作为现代农业的新型业态之一，在发展中是否存在涉及上述研究空白点的创新实践？案例研究法是组织管理学的基本研究方法之一，它包括特有的设计逻辑、特定的资料搜集及独特的资料分析方法，当研究问题寻求对一些既有现象的解释（如一些社会现象如何形成、如何运行），选择案例研究法是非常贴切的。本书从挖掘现代农业科技知识与传统农业智慧、展示浙江省创意农业前沿技术和产业创意点视角出发，调研收编了 50 多个创意农业典型案例，并归纳为创意农业实体发展模式、休闲观光创意农业工程、智能化创意农业工程技术研发、创意农业技术研发、非耕地创意农业工程技术研发、农作制度创新工程技术等六大主题类型，以反映浙江省现阶段创意农业发展实践的最新成果，为创意农业发展提供各具形态的典型案例。

第二章

创意农业实体发展模式案例

民以食为天，国以农为本。在 30 多年的改革发展中，浙江历届省委省政府都非常重视农业农村农民问题，全省“三农”改革发展创造了众多全国第一，农业农村现代化进程走在全国前列。浙江率先推进农业市场化改革，深入实施统筹城乡发展方略，农业发展经历了从传统农业、效益农业，到高效生态农业的历史性转变，现代农业建设迈出坚实步伐。特别是近年来，省委省政府从加快转变农业发展方式、推进农业现代化的战略出发，作出加快现代农业园区和粮食生产功能区建设的战略部署，并将“两区”建设作为“四化同步”推进的主抓手，通过发掘农业传统文化，拓展农业的多种功能，培育特色优势产业，强化农业设施栽培，开展农业节庆活动，推广生态养殖与立体种养等现代农业模式与旅游观光功能有机耦合，形成了一批产业依托明显、规模层级较大、知名程度较高、带动能力较强的休闲观光农业园区。全省扎实推进的现代农业综合园区、主导产业示范园区、特色农业精品园区等多层次、多类型、多形式的现代农业园区，都按照农业多功能化的发展趋势，把特色精品农产品生产与发展休闲农业、创意农业、设施农业、精准农业很好地结合起来，使农业园区化成为农业增效、农民增收的一个新亮点。

通过梳理浙江农业发展的阶段历史可以看到，在推进农业园区化建设之前，在传统分散化农业经营时期，农业呈现的是小而全、小而散的布局，农业凸显的是保障型、生存型的状态。全省面临着促进农业生产再上新台阶，农民收入再上新水平的难度越来越大，转变农业发展方式的要求越来越紧迫。农业生产经营面临农业劳动力高龄化、农业经营规模细碎化、农业基础设施老旧化、农业生态环境趋恶化、农业功能单一化、土壤肥力在退化、农业服务队伍在弱化。近年不间断发生的严重的洪涝灾害、高温天气和禽流感，给我们敲响了警钟。农业怎么用有限的土地来承载经济社会可持续发展，怎么在工业化和城镇化加速发展背景下，努力摆脱农业“受制于天”，确保耕地红线和粮食安全，促进农民增收致富、城乡统筹发展和农业现代化进程，成为摆在我们面前的具有时代感、紧迫感、责任感和使命感的一项重大课题。

可以说，农业的园区化建设，既是农业生产经营方式的重大调整、创新与创意，同时也为发展创意农业提供了重要的要素集聚平台，不仅有力地提升了一批农业主导产业的规模和层次，而且探索创新了现代农业发展的体制机制，有力地推动了农业发展方式转变。通过农业园区建设，将推动农业从保障型、生存型向发展型、竞争型转变。随着农业园区建设的全面推进，以工业化理念来经营现代农业，像抓经济开发区和工业园区一样来抓农业园区建设的新理念新思路正在深入人心。区域化布局、专业化生产、规模化经营、设施化种养、企业化管理、标准化技术、品牌化营销的现代生产经营管理模式开始在农业园区建设中得到应用。农业经营理念得到了重大转换和创新。现代农业发展、粮食安全保障、农业综合生产能力提升得到了空前的重视。农业园区化建设带动农业水利化建设、农业设施化建设、农业标准化建设、农业品牌化建设和农业产业化经营等综合效应开始显现。农业的“接二连三进四”，农业的产前、产中、产后一体化延伸，农业的种子种苗、农产品的精深加工、设施农业、休闲农业、智慧农业、文化创意农业等新兴业态正在蓬勃发展。专业化、规模化、集约化的农业家庭经营和专业合作社、龙头企业的农业产业化合作化经营相结合的新型双层经营体制正在形成。

浙江省推进农业园区建设的战略决策，立意高、方向准、意义大、创新强，目前全省众多的农业园区正通过创新驱动的思路来推进园区的建设，通过观念创新、战略创新、规划创新、机制创新、体制创新、文化创意和集成创新，为拓展提升农业功能、创新农业发展模式提供了重要路径，这也是浙江农业园区化建设开全国之先河的创意之所在。以粮食生产功能区、现代农业园区、农业科技园区、农业示范园区等为主平台，通过引导现代农业经营主体和科技、人才、管理等要素向园区集聚，以科技创造和文化创意为主动力，大力发展创意农业，是贯彻落实“创业富民、创新强省”总战略的重要实践，是助推建设“物质富裕、精神富有”的现代化浙江的重要举措，是推动农业转型升级和发展方式转变的一条重要路径。可以说农业园区化建设已经成为全省各级党委政府重视和加强现代农业建设的突出亮点和标志性、创新型工程，从一定程度上弥补了以往现代农业建设亮点不多，缺乏大载体的缺憾。浙江省农业园区成为“独辟蹊径、独树一帜、独领风骚”的全面体现科学发展观要求、与城乡一体化发展相适应的新型现代农业示范区，它激发着园区的内源动力和创造活力，创造具有更高生产力水平的农业发展的区域形态和农业新型业态。下面着重对浙江省内发展与建设较早、规模较大、辐射较强的几个农业园区，特别是农业科技园区的建设背景、发展历程、目标模式、功能定位、管理创新、科技支撑等进行剖析介绍。

一、浙江省农业高科技示范园区

浙江省农业高科技示范园区由杭州传化集团控股投资，坐落于钱塘江南岸，占地 5 000 亩，于 2000 年开始筹建，2002 年 4 月 28 日项目建成开园，是浙江省第一家省级农业高科技示范园区，同时也是第二个国家级农业科技园区。

1. 园区建设背景

2000 年 3 月，为进一步加快浙江省农业现代化发展进程，浙江省人民政府“浙政发［2000］64 号文”批复同意建立省级农业高科技示范园区。根据这一文件精神，园区大胆进行制度创新，采取“政府扶持、部门支持、企业化运作”的方式，由传化集团有限公司为主承建，实行企业化管理、市场化运作的模式。在省市区三级政府高度重视和大力支持下，园区逐渐形成了以“浙江省农业高科技示范园区”为核心区、以萧山区为示范区和以浙江全省及四川、云南部分地区为辐射区的格局。

2. 园区发展概况与特色

浙江省农业高科技示范园区占地面积 5 000 亩*，位于杭州、萧山两个主城区与萧山国际机场之间，距杭州萧山国际机场约 7 千米，距杭州主城区约 10 千米，距萧山主城区约 8 千米。传化科技城是在原浙江省农业高科技示范园区的基础上发展而来，经过多年的探索和实践，科技城建设形成以农业为主题，以科技为主线，以载体建设为基础，以产业运营为支撑的建设内容，项目以平台式集聚、专业化运营、集群式发展为核心发展理念，旨在打造农业科技示范区、新兴产业发展区、生产性服务业集聚区“三位一体”，成为影响全国的浙江“金名片”，使传化科技城成为科技资源聚集区、技术创新源头区、高新企业孵化区 、低碳经济示范区、绿色生活畅享区，从而促进经济发展方式转变，推动区域产业转型升级。

传化科技城是以“精明增长（新城市主义）”、“集聚科技农业产业（农业科技化）”及“多样性”为主旨思想的综合性区域（城镇）开发项目。旨在创造一个充满创新激情、具有创业活力和“目的地”的“田园新市镇”。城市规划统筹兼顾，以社会效应、环境效应、经济效应三者统一为基准

---

* 1 亩=1/15 公顷。

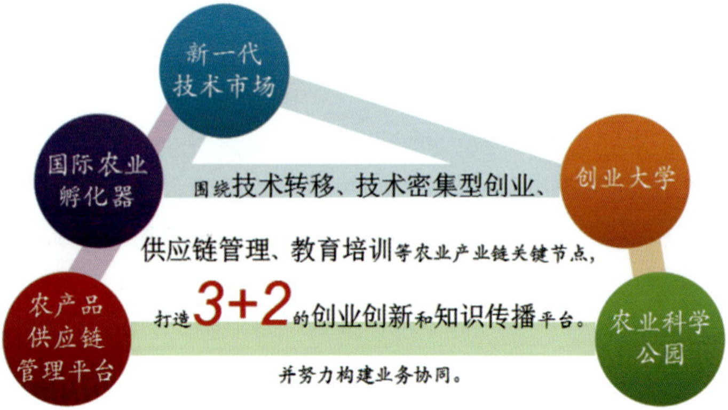

新一代
技术市场
国际农业
孵化器
创业大学
农产品
供应链
管理平台
农业科学
公园
围绕技术转移、技术密集型创业、供应链管理、教育培训等农业产业链关键节点，打造3+2的创业创新和知识传播平台。并努力构建业务协同。

点，围绕地区产业加快转型升级的科学发展模式，塑造集创业、创新、科技、艺术、人文、商务、商业、居住、生态为一体的复合型“田园生态（低碳）科技城”，其将成为科技创新的生态城镇，全面配套的创业高地。

绿化景观系统是规划总体结构的重要框架，通过城市空间的塑造和引导，形成怡人的、以人为本的城市空间形态，通过标志性景观建筑和景观视线的动静规划营造出生动有致的城市景观体系。规划立足区域，充分借助农业科学公园特色，将科技城置于一个花园式、田园式的公园，共同构成网络化的景观框架。生态与可持续发展设计理念可以概括为以下三个方面：“生态园区”——创造一个土地资源最优化、园区环境最优化、能源利用绿色化的总部园区。“绿色办公”——从员工的办公效率、办公环境出发考虑生态设计，旨在打造高效舒适的办公建筑。“绿色地标”——集中展示园区生态形象，集高科技于一身，可以对园区起到品牌效应，提高园区的档次。

通过信息化平台的建设，构建一个集信息化服务、信息化管理、信息化运营、信息化生活方式于一身的科技智慧新城，实现建设一个“无边界园区、全天候服务、多渠道访问”的智慧之城的梦想。智慧高效的能源管理，快速高效的数据交换网络、数据交换服务，更安全的无边界园区防范，智慧的社区服务体系。

3. 园区建设历程

体现该园区创新创意特色的是园区建设的转型升级，从最初的农垦场到农业示范园区到省级农业高科技园区再到国家农业科技园区，最后规划建设为现代农业科技城。从园区的建设历程来看，其转型升级主要分为三个阶段：第一阶段（2000—2004 年）：园区（核心区）初步建成。启动园区（核心区）一期工程建设，先后建成智能化温室、组培楼、实验室等设施，大大促进了农业高科技成果转化。第二阶段（2005—2008 年）：新形势下探索现代农业发展之路。随着一期建设的顺利完成，园区加强了在新形势下发展现代农业的探索，确立了发展农业高科技的思路并进行了积极探索。第三阶段（2009 年至今）：园区建设进入新阶段。2010 年，在多年探索实践的基础上，园区提出了新的发展战略：着力将园区打造成为农业科技创新创业的示范平台、农业产业转型升级的标杆区域。

4. 科技城开发时序

以“科技城”开发为载体，推动区域城市空间、产业结构、创业模式和生活方式等实现全方位的转型升级，实现传化科技城事业梦想。核心区打造阶段（2011—2015 年）——科技城雏形形成，价值标杆确立。主要内容：完成科技城市政基础设施建设，高质量完成核心示范区建设，“五大平台”形成资源集聚效应，政策与服务体系初步形成竞争力，现代农业与生物技术形成创新集聚。全区域开发阶段（2016—2020 年）——科技城开发完成，产业创新集群形成。主要内容：完成科技城主要项目的开发，宜居宜业的城市空间形成，形成三个以上产业创新集群，创业投资业务进入收获期，科技城商业模式持续优化，筹划科技城品牌复制战略。永续经营阶段（2020 年以后）——生态科技新城形成，产业稳定运营。主要内容：城市配套与功能持续得到完善，居住人口7万、工作人口5万的生态科技新城形成，科技城进入城市运营阶段，创造多样性的产业投资机会，品牌复制战略初显成效。

5. 体制机制与功能服务创新

体制创新：坚持“政府扶持，部门支持，企业化运作”。作为以民营企业主导运行的传化高科技农业园区，是传化集团四大产业之一的“现代农业”。园区是在政府的支持与扶持下，由传化集团负责投资运营，是国内唯一一个由民营企业主导开发的国家级农业科技园区。传化科技城是围绕科技农业主线，以“政府主导、企业主体”为开发模式，以平台式集聚、专业化运营、集群式发展为核心理念的农业创新园区。

运行机制：政府主导，民办官助，发挥行政和市场两个积极性。政府推动，企业运作，落实创新创业的主旨。管委会协调，片区互动，做好技术传播和产业辐射。董事会领导，多方参与，建立科学的决策机制。

技术创新：强化科技支撑和引领，掌握了一批具有自主知识产权的先进技术。作为国家重点高新技术企业、国家星火计划龙头创新企业，传化农业旨在打造以提供优质种子种苗为依托，以输出科学农业操作规范为基础，以国家农业科技园区为平台，以立足全国基地生产体系和植物微繁殖、多品种育苗、园艺植物设施栽培等领域完整技术体系为保障，为消费者提供安全、健康的农产品和花卉园艺产品的现代高科技农业企业。2010年，经省科技厅推荐，科技部批准园区为“浙江杭州萧山国家农业科技园区”。园区（核心区）先后引进了上千个作物品种，掌握了一批具有自主知识产权的先进技术；先后承担国家级、省级、市级课题70多项。园区一直致力于打造科技型农业科技源头企业，先后主持、参与了省科技厅重大攻关重点项目、国家星火计划、省农业科技成果转化项目等多个科研项目的研究与实施；2004年8

月经国家技术部星火计划办公室批准公司成立了龙头企业技术创新中心；同年9月，省科技厅批准成立了省级农业科技企业研发中心；并被认定为第一批省农业科技型企业和国家高新技术企业。同时，园区还与浙江大学、南京农业大学、中科院上海植生所、浙江省农业科学院、日本麒麟啤酒株式会社等开展了紧密的科研交流与合作攻关，有力提升了园区的研发实力和技术积累。

功能创新：传化大地农业休闲观光景区依托园区独特的生态环境和丰富的旅游资源而建设，是一座以农业风情为背景，以神奇高科技农业为内涵，以休闲旅游为特色的大型生态农业观光园。园区集生产、科研、培训、示范、加工、观光、旅游于一体，实现高经济效益、高生态效益、高资源效益和高社会效益相统一，实现“国内一流、国际有竞争力”的建设目标，最终达到为全省及全国农业现代化提供示范样板的目的。

服务创新：给农民“两个明白”：技术明白、市场明白。帮农民化解“两个风险”：经营风险，市场风险。园区（核心区）先后在浙江、四川、云南等省建立了多个生产基地，种子种苗覆盖全国20多个省市，截至2009年底，园区（核心区）：累计供应种苗2.8亿株；累计生产各种优质高档花卉1 170多万盆；直接带动产值26.7亿元；间接带动农业产值129亿元；直接带动种植户就业人数4.6万人；间接带动种植户就业人数31万人，直接服务基地面积82万亩；间接服务基地面积308万亩。

二、浙江嘉兴国家农业科技园区

1. 园区建设背景与概况

浙江嘉兴国家农业科技园区位处嘉兴市南湖区，是科技部等6部委于2001年9月批准的首批21个国家农业科技园区（试点）之一（国科发农社字［2001］322号）。园区位于嘉兴市郊，属中亚热带季风气候区，四季分明，雨量充沛，温暖湿润。地处水网平原，河流纵横、地势平坦、土地肥沃，适宜于多种作物生长和新品种引进创新，有利于农林牧渔综合发展。园区处于上海与杭州、苏州三市中间地带，区内有沪杭铁路、沪杭甬高速公路、乍嘉苏高速公路、320国道、京杭大运河等，水陆交通发达，属于上海、杭州、苏州等大中城市一小时“交通圈”，农产品可在3小时内外运。具备了发展外向型、城郊型农业以及建设现代化农业科技园区的良好条件。嘉兴市南湖区是浙江省城乡一体化，建设新农村的先行之区，也是“率先基本实现农业现代化”实践区域。浙江嘉兴国家农业科技园区经过多年的创建，为农业科技进步与创新，以现代农业科技改造传统农业提供了实践经验。几年来，按照园区总体规划，构建产学研结合平台，依靠科技进步与创新，初步创出了一条沿海经济发达地区现代农业发展路子，有效促进农业增效、农民增收和农村经济社会发展。

2. 园区功能分区与布局

园区布局与功能分两个层次。第一层次，按园区功能分核心区、示范区和辐射区，总规模面积35万亩，其中核心区1.5万亩，示范区6.2万亩，辐射区27.3万亩。第二层次，在核心区块分东进农业科技示范园、农业高新科技孵化园、农业高新技术产业带和对外农业招商区。示范、辐射区按各自生产功能和主导农产品布局，分精品蔬菜区、名特瓜果区、优质畜禽区、特种水产区、名特花卉水果区、渔菜共生区、优质粮油区、高产桑茧区和休闲观光农业区。

园区主要培育五大产业：农产品精深加工业、种子种苗业、农业生物技术产业、农业信息产业、农业休闲观光业。重点发展十大特色农产品：优质瘦肉型猪、湖羊、家禽珍禽、特种水产、精品蔬菜、西甜瓜、名特花果、无公害茭白、优质大米、双低油菜籽等。建立完善五大体系：农业科技推广体系、农产品市场营销体系、农产品质量标准化与质量监控体系、农产品精深加工体系、效益农业发展保障体系。

园区各项建设固定资产投资74 150万元，采取多渠道筹措的方法，以政府投入为导向，政府、企业、农民多元化投资，其中政府支持10 000万元，市、区二级财政配套资金10 000万元，企业投资39 150万元，农民自筹15 000万元。此外流动资金安排7 000万元，计划由企业、农民自筹2 000万元，其余5 000万元申请当地银行贷款解决。

核心区：总面积1.5万亩。坐落于七星镇320国道两侧，东起东进农业高新技术园区，西至湘家荡旅游度假区。包括农业高新技术园2 000亩、农业高新技术孵化园1 000亩，农业对外招商开发园2 000亩，绿色农产品产业园1万亩。核心区是农业先进科技组装集成的载体，现代农业科技信息的辐射源，人才培养和技术培训的基地，现代农业科技企业的孵化园，是农业科技园区的建设重点。核心区由秀城区绿舟农业科技发展有限公司负责规划及基础设施建设，承担进区企业服务和项目合作开发。

中心示范区。按全区六大主导产业特色及区域化布局，分设9个中心示范区：即蔬菜示范区、瓜果示范区、畜禽示范区、水产示范区、林果示范区、渔菜共生区、粮油示范区、桑蚕示范区和休闲观光区。9个中心示范区合计总面积6.2万亩。目前，5个中心示范区已全面启动。林果示范区，以“凤桥”水蜜桃、“江南”葡萄为品牌，由镇农技站牵头，组建专业协会和营销公司，现凤桥镇以水蜜桃为主的水果面积1.1万亩，大桥镇设施葡萄面积2 800亩。渔菜共生区，以“栖桎”茭白为品牌，由中法实业公司投资兴建的中法农业科技示范园为重点，现连片茭白2万亩。畜禽示范区，以“竹林”三元瘦肉型生猪为品牌，建立生态牧业园，通过区养猪协会，建立优质无公害生猪基地，确保供沪生猪安全。粮油示范区，以禾欣米业公司为龙头，把农业科技推广部门与粮食收购、加工部门结合起来，优势互补，生产加工优质、无公害的“佳乐”牌大米，采取“公司+农户”的运行模式，2012 年订单 1.7 万亩。水产示范区，以区养鳖协会为龙头，把全区甲鱼养殖大户组合起来，实施生态化、标准化养殖，2012 年 9 月开始出口日本。

辐射区。按照“突出核心，示范全区，整体推进，辐射周边”的思路，辐射区面积为 27.30 万亩，即秀城区全区范围。根据园区建设目标，在全区范围内全面实施绿色农产品行动计划，构建“城郊型、外向型”高效农业生产体系。逐步健全“一园九区百村千户”四级农业科技推广网络。即以国家农业科技园区核心区为龙头，建设 9 个中心示范区，100 个村科技示范方，1 000 户科技示范户，把农业科技成果和先进适用技术撒向千家万户。

3. 园区运行管理创新

园区以科技为支撑，引领现代农业发展，实行“政府引导，企业运作，中介参与，农民受益”的运作机制，主要做法是，构建园区创建模式、科技创新模式和组织管理模式等三个模式。

园区创建模式：园区总体规划上，设置核心区，中心示范区和辐射区三个层次。构建“一园九区百村千户”农业科技示范推广网络。强化核心区、搞好中心示范区、带动辐射区的三个层次联动发展模式。科技创新模式：科技研发上，依托科研单位，创建产、学、研三者有机结合平台。形成科技引进、组装集成，示范辐射功能。组织管理模式：建立市领导小组、区管委会和绿舟公司三层次的组织管理体制。专门组建绿舟农业科技发展有限责任公司，形成市领导小组、区管委会和公司运作的高层次的组织管理体制。在加强市场领导小组、区管委会的组织领导的同时，充分发挥绿舟公司的作用显得十分重要。政府引导，企业运作，突出科技，农民受益。

三、湖州农业高科技园区

1. 园区概况

长期以来，湖州高度重视现代农业科技建设，先后建成了农高园区创业中心（孵化器）、湖州现代农业科技园以及一大批现代农业科技示范基地，并于 2001 年分别在吴兴区太湖南岸和长兴县泗安镇建成了两个省级农业高科技园区。通过十多年的努力，形成了以设施蔬菜、特种水产、优质粮油、桑茧为主导，农业高新技术为动力，食品加工园为龙头的现代农业产业化基地，形成了具有湖州特色的“1＋1＋n”产学研农技推广联盟这一创新模式。

目前正在建设的浙江湖州国家农业科技园区（湖州南太湖农业科技园区升级版）是在浙江大学（长兴）省级农业科技园和浙江南太湖省级农业科技园的基础上建设而成的，这两个省级农业科技园位置相邻、发展互动、功能互补、特色明显，其中长兴园区以科技研发成果集成组装见长，其地处浙江、江苏、安徽三省交界地长兴县泗安镇，紧挨 318 国道和杭长高速，交通便捷、物流畅通；南太湖园区以科技成果推广应用与示范取胜，其地处杭嘉湖平原北缘、太湖南岸、湖州市吴兴区北侧，紧靠 318 国道和 104 国道，申苏浙皖高速公路穿境而过，并与杭宁高速公路、申嘉湖高速公路等主干线相接。该园区分核心区、示范区和辐射区。核心区面积 17 200亩，示范区面积 46 870 亩，辐射区规划影响面积 50 万亩以上。

2. 园区发展定位

以农业科技创新和生态文明建设来引领现代农业发展，以生产经营集约化、农业科技集成化、生产过程清洁化、能耗排放低碳化、经济产出高效化、产品质量品质化、市场营销品牌化、生态环境绿色化为主线，系统整合农业园区建设、农作制度创新、产业结构调整、经营主体培育、农业生态修复等举措，全面推进农业生产方式的转变，努力把以 1.72 万亩为核心区的浙江湖州国家农业科技园区建设成为：科技成果转化应用示范区；工厂化集约化种养先行区；科技人才创新培训领航区；农产品精深加工集群区；安全优质高效生产带动区。

通过“五区”建设，使浙江湖州国家农业科技园区成为全国一流、省内示范的都市型高科技农业样板区。

3. 园区的功能分区

园区总体功能分区为两大组成部分，即：科技研发集成组装区块、科技孵化推广示范区块。

科技研发集成组装区块总体以水稻、玉米、油菜、大小麦、棉花、蔬菜、果树等农作物以及花卉、药用植物、种猪等动植物新品种选育和高效、复合型种养模式推广，现代植物工厂示范与技术集成应用，生态农业系统与农产品安全生产示范以及现代农业技术工人培训等为主导产业。园区现代植物工厂示范与技术集成应用方面走在全国前列。以浙江大学强大的多学科交叉研发团队为依托，与该领域的国内外优势单位（例如荷兰瓦赫宁根大学、日本千叶大学等）开展紧密合作，研究领域涉及基于设施农业的气雾栽培集成技术示范、果树先进栽培技术与自动化管理系统集成示范、高档花卉和药用植物的组培及工厂化生产技术集成示范等。

浙江大学（长兴）省级农业高科技园区规划图

园区科技孵化推广示范区块包括：农高园区创业中心（孵化器）综合服务区、南太湖现代农业科技示范园、农产品加工园、设施蔬菜产业区、特种水产养殖区、优质桑茧产业区、无公害优质粮油产业区等6个功能组团。该区块是以蔬菜、特种水产、优质粮油、桑茧为主导，以农业高新技术为动力，以食品加工园为龙头的现代农业产业化基地。建设目标是将园区建成农业科技成果的转化基地，高效农业的示范基地，农产品的精深加工基地，农业科技人才的培训基地。使浙江南太湖农业高科技园区成为国内农业科技水平最高和综合效益最好的园区。

4. 组织管理体制创新

园区的突出特点是：名校名市合作共建，科技研发、孵化、转化、推广、应用一体化共存。园区主体众多，最核心的包括湖州市、吴兴区、长兴县、浙江大学等。园区按照政府、高校合作，实行项目制、目标责任制和社会经济效益考核制并举的政产学研一体化运行机制。园区以开放、服务为宗旨，在不断争取中央和地方政府支持的同时，努力吸引社会各方面力量参与园区建设，逐步建立多元化的投融资渠道。吸引国内外有兴趣，并有一定资金、技术实力的科技企业应用和转化园区中试成功的技术和产品，形成强有力的先进农业技术产业链；鼓励和支持涉农及相关学院的教师以农业高新技术作为股份与风险基金和其他社会资本合作创办企业，或教师自带技术、资金，自己个人或数人在园区合股创办农业高新技术企业；充分利用浙江大学学科齐全、人才济济的优势，争取将学校相关优秀课题组以及“985 工程”、“211 工程”、“2011 计划”、国家重大专项等国家重点建设项目落户园区。

整个国家农业科技园区在组织形式上，成立了园区建设领导小组，组长由湖州市委市政府主要领导担任，成员由市科技局、农业局、发改委等主要领导组成。园区建设领导小组的主要职责是对园区建设和管理运行中的重大问题进行决策、领导和协调，指导园区总体规划、实施方案、管理办法、优惠政策与规章制度的制定、实施及监督等。

在园区建设领导小组的指导下，按照有利于体制创新、科技创新和灵活高效的原则，成立相应的园区管理机构。包括：园区专家委员会，由技术依托单位知名专家及省内外相关领域知名专家组成。负责对项目实施方案的技术审定，实施计划及可行性分析，以及提供技术咨询等；协助领导小组进行项目决策和技术管理。园区管理委员会，由湖州市政府分管领导担任管理委员会主任，成员由参与园区建设的单位、科研机构等人员构成。园区管理委员会负责园区的日常管理工作，下设行政财务部、技术服务部、产业招商部、工程建设部。

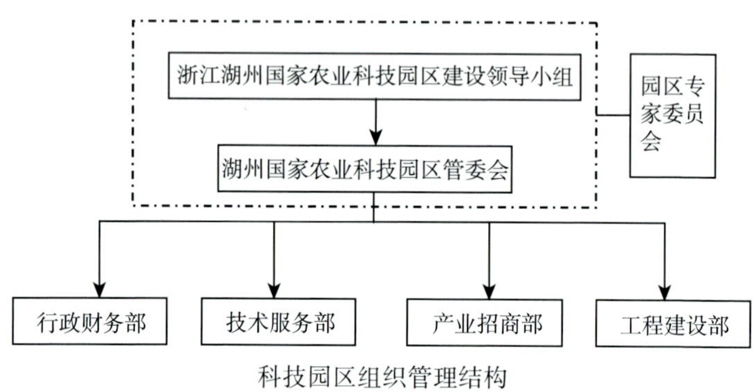

科技园区组织管理结构

科技研发集成组装区块主要由浙江大学为主建设。由浙江大学为主投资建设的1 000亩核心区，承担各类农业科学研究与培训任务、具有产业开发前景的小试、中试任务。

浙江大学专门成立了农业科技园建设与管理专家委员会，由分管校领导担任管委会主任，管委会对重要项目建设进行技术指导、咨询、论证等。农业科技园管委会下设综合办公室、教学科研服务部、计划财务办公室、建设维护部等4个内设管理机构，主要负责农业科技园的建设、运行和管理工作，并按照相关规定落实教育教学、科学研究和社会服务等相关任务，并以高水平教学和科研成果应用于园区项目建设。农业科技园管理委员会是浙江大学的直属单位之一，拥有一支较强的专职技术与管理队伍。目前，农业科技园有3名正处级党政管理干部、1名副处级业务与管理结合的"双肩挑"干部，已形成了一支十余名业务与管理互兼的技术与管理团队。

科技孵化推广示范区块由长兴县和吴兴区为主建设。浙江大学为之提供技术支撑，重点吸引国内外的农业生物技术企业承接浙江大学农业科技园完成中试的相关科研成果，进行大规模、高效益的产业化。成立南太湖农业高科技园区管委会，成立农业高科技园区工作小组，建立南太湖农业高科技园区创业中心（孵化器）。

农高园区管委会设有领导小组和工作小组。领导小组由区、县主要领导担任，主要对科技园建设的重大问题进行决策，并制定有关的政策，指导、协调、管理监督农高园区的规划和建设工作。工作小组由区、县科技、农业等职能部门负责人组成，主要负责科技园建设，管理。如安排人力、物力、招商引资、公共设施建设，筹措资金等。

园区创业中心（孵化器）注册成立了湖州南太湖绿州农业科技发展有限公司，实行企业化运作，承担园区核心区创业中心（孵化器）建设、管理、服务职能。

5. 运行支撑机制创新

突出科技创新平台建设。与中国科学院、浙江大学等高校、科研院所合作，建立了浙江南太湖农业高科技园区和浙江大学（长兴）农业高科技园区，浙江大学湖州市南太湖现代农业科技推广中心和中科院湖州现代农业生物技术产业创新中心等“两园区、两中心”。建立了渔业、蚕桑两个省级重大科技创新服务公共平台；建立了国家油菜、蚕桑两大产业技术体系湖州综合试验站和浙江省农作物区试站；建立了国家级罗氏沼虾遗传育种中心。

突出农技推广联盟建设。在全面建成“三位一体”基层农业公共服务体系的基础上，按产业组建由1个高校科研单位专家团队＋1个本地农技推广小组＋若干个经营主体组成的产业联盟，创立了“1＋1＋N”的新型农技推广模式，实现了高校科研与基地生产的无缝对接。建立“农技推广联盟＋首席专家＋教授基地＋示范园区＋专业合作社（龙头企业）＋农户”的农业科技创新应用与示范推广运行机制。

突出创新人才培养机制。在湖州职业技术学院（电大）基础上创办了全国首家农民学院——湖州农民学院。整合了浙江大学、职业技术学院、电大、社区大学、乡镇成人学校和农技推广中心等教育资源，建立“省市校乡、农科教技”四合一的教师队伍。

四、金华农业高新技术示范园区

浙江省金华（省级）农业高新技术示范园区位于金华市南郊石门农垦场，距市区8千米。园区规划总面积13 783亩，分为高新技术示范、种植养殖、休闲农业、工贸及管理五大功能块。园区建成后将成为集农业生产、科研培训、商贸服务、观光休闲于一体的综合性、生态型现代农业示范园。

1. 园区建设情况

园区项目自2001年初开始实施，重点建设核心区（3 393亩），到目前总投资5 000多万元，其中政府扶持资金1 650万元，企业自主投资3 350万元。已建成：组培楼1 500平方米，智能玻璃温室1 843.2平方米，连体大棚6万平方米，钢架大棚及遮阴棚200多亩，非试管快繁基地1 000平方米，并建观光葡萄长廊250米。初步实现了农业生产设施现代化、道路交通水泥化、信息通讯网络化、水利电力配套化和生态环境的美化，建成了精品水果、花卉苗木、蔬菜瓜果及名贵中药材基地，取得了良好的社会效益和经济效益。

2. 园区功能布局

精品水果基地：已建精品示范果园800亩，重点开发具有金华地方特色优势的小水果品种及葡萄、柑橘新品种，形成了具有省内领先水平的品种和技术优势。

花卉苗木基地：已建绿化苗木基地1 500多亩，鲜切花设施栽培基地12亩，室内观赏植物温室栽培示范基地125亩。主要品种有棕竹、绿萝、小叶榕、变叶木、南天竹等室内观赏植物；玫瑰、香水百合、天堂鸟等鲜切花；睡莲、碗莲等水生花卉；有国家一二级保护珍稀树种红豆杉、珙桐、马褂木及乐昌含笑、乐东拟单性木兰、花叶络石、变色女贞等优质彩叶、绿化苗木 100 多个品种 800 余万株（苗）。

蔬菜瓜果基地：与市蔬菜技术推广站合作，引进各类蔬菜新品种 30 余个，建成蔬菜育苗、生产基地 112 亩。

名贵中药材基地：建成组培车间，包括组培楼（1 500 平方米）、炼苗温室（1 843.2 平方米），引进森宇公司，运用组培育苗、脱毒快繁技术，具备年繁组培苗 80 万瓶，1 200 万～1 500 万株的生产能力。园区还依托金华市晓明真菌研究所，建立了 22 亩灵芝仿野生人工栽培基地，开发的大仙灵芝系列保健品深受市场欢迎。

3. 园区建设目标定位创新

该园区在浙江省金华（省级）农业高新技术示范园区、浙江金华省级农业高科技园区建设基础上，正在争取升格为“国字号”园区，正努力创建浙江金华国家农业科技园区。园区建设根据“四化”同步推进及浙江省农业“两区”建设要求，结合金华实际，按照“一区四园五中心”的布局和“农业现代化的平台、农业科技创新的高地、农业转型升级的典范、农民致富小康的源泉”的定位，通过现代服务业引领、要素集聚武装、信息化融合提升和产业链创业，打造具有高端服务、总部经济研发、产业链创新创业及先导示范功能的国家农业科技园区。并重点突出核心区农业高科技产业孵化大楼、高端农业科技创新示范园、生物农业种子种苗产业园、特色农业标准科技产业园、农产品精深加工业孵育园的建设；加快新型创新主体培养和特色农业主导产业集群创新，为全市乃至周边地区发展现代农业提供科技示范与技术支撑。园区从三个层面进行顶层设计和总体部署，为浙江省“三农三转”，即农业转型、农村转变、农民转换，发展现代农业、建设新农村提供科技示范与技术支撑。一是核心区重点建设农业高科技产业孵化大楼及高端农业科技创新示范园、生物农业种子种苗精品园、特色农业标准科技产业园和农产品精深加工业孵育园，推动总部经济研发和现代科技服务业的发展；二是示范区重点转化核心区的创新成果，支撑粮油、果蔬、猪牛、花卉苗木、食药用菌、水产等6个特色农业主导产业的发展，推动金华乃至全省农业的转型升级；三是辐射区重点推广农业科技园区创新成果到金华、丽水、衢州、温州及江西等周边地区。

4. 园区建设特点及运行机制

引入工业园区理念，建设农业高科技园区，建立“政府扶持，部门支持，多元化投入，多主体经营，市场化运作”的机制，通过配备必要的可共享设施，优化投资环境，以优惠政策和全方位服务，构筑开放式平台，引进了浙江森宇等十多家民营企业和科研单位，参与投资经营，并与浙江大学、浙江省农科院、亚林所、浙江林学院及浙江省医科院等科研院校建立了多形式的技术协作关系，实现了良性循环，稳步快速发展的良好态势。

按照“政府政策协调、投资管理运作”原则，建立“统一化、多元化、企业化”的运行管理机制，采取“一区四园五中心六产业”的布局思路。成立浙江金华国家农业科技园区建设领导协调小组，作为浙江金华国家农业科技园区建设最高决策协调机构。成立浙江金华国家农业科技园区管理委员会和园区建设有限公司，具体负责园区建设与管理。按6个特色农业主导产业分别成立市级以上产业技术创新战略联盟，负责产业科技创新与发展。

经过五年建设，园区初见成效，核心区内企业生产率及经济效益，比常规农业生产高5～10倍。下一步园区将继续以市场为导向，强化科技术创新，把园区建成“可看、可学、有效益”的示范园，通过“园区—龙头企业—示范基地—农户”的模式，带动农民发展效益农业，实现农业增收、农民增收、农村发展的目标。

五、绿城现代农业综合体

现代农业综合体模式是以发展现代农业为核心和主业，以产业链整合、要素整合、功能价值整合、城乡空间整合为支撑和动力，通过多方主体合作，建设体现农业行政新特区、农业科技新城区、农民居住新社区和农业生产新园区等多种综合性功能的区域政治、经济、科技、文化发展的新平台。现代农业综合体是一种典型的创意农业发展的新形态，是探索我国发达地区现代农业发展的全新模式和重要的创意载体。

1. 建设的时代背景

“十二五”时期是工业化、城镇化快速推进时期，农业面临着容易被忽视或削弱的风险，必须加倍重视农业现代化与工业化、城镇化的同步推进和协调发展。然而，目前我国工业化、城镇化发展快速，但农业现代化却明显滞后，面临着一系列严峻挑战。自然灾害多发重发，农业基础设施薄弱，农业生产成本不断上升，产业化水平低，资源环境约束加剧，农业劳动力素质有待提高，科技创新和推广应用能力不强等问题突出。因此，必须大力发展现代农业，坚持用现代物质条件装备农业，用现代科学技术改造农业，用现代产业体系提升农业，用现代经营方式推进农业，用现代发展理念引领农业，用培养新型农民发展农业，着力突破瓶颈制约，努力探索出一条根据不同地区农业和农村经济发展特点设定的以市场为导向、以科技为支撑的区域现代农业发展新型模式，以保证主要农产品有效供给，农民持续增收，实现农业可持续发展。

在此背景下，中共嵊州市委市政府、绿城集团与浙江省农业科学院决定合作建设嵊州绿城现代农业综合体，并于2012年7月签订合作框架协议。结合绿城集团投资生态农业的需求和意向、嵊州市现代农业“两区”发展建设进程和浙江省农业科学院科技成果集成推广的优势，三方达成共识：绿城现代农业综合体将以打造大型精品农产品基地为目标，以农业工业化的新理念经营综合体建设，加快农业生产的集约化、规模化、产业化、品牌化和标准化进程；将农业综合体建设成为具有技术开发、成果转化、产业带动和培训示范功能的现代农业示范基地；同时综合嵊州市经济、社会和文化特质资源，集精品农业、创意农业和观光农业为一体，充分展示现代高新农业和“城乡一体”的发展优势，带动区域特色经济转型升级。2012 年 11 月，绿城集团现代农业开发有限公司正式注册，绿城现代农业院士专家工作站全面启动。绿城现代农业将围绕品质检测、商品流通、科研生产和综合体建设 4 个重心展开工作，努力构建高科技引领，一、二、三产联动，生产、生活、生态融合，符合中国发达地区地方特色和资源优势的现代农业创新平台。同时以院士专家工作站为平台，吸收国内外相关领域院士、高校、科研机构加盟，发挥顶层设计、科学咨询、项目引进、绩效评估、人才培养等作用。

“十二五”期间，嵊州市委市政府将进一步围绕生态文明省建设要求，结合嵊州实际，着力发展现代高效生态农业，合作共建一个集中体现浙江省农科院科技聚集优势、绿城集团资金和市场优势，辐射嵊州市农业主导产业导向的现代农业综合体。以农业综合体为新型载体，院地企业三方共同构建核心支撑体系，探索我国发达区域现代农业发展的新模式，以满足现代农业和经济社会发展的要求，进一步推进嵊州市农业发展方式创新，引领全市率先实现农业、农村经济转型升级，实现农业现代化的跨越式发展。

2. 综合体组织机制创新

绿城现代农业综合体适合采用“嵊州市政府＋绿城集团现代农业公司＋浙江省农科院”三位一体的支持体系。浙江省农科院以自身的专业技术特点和科研资源，为绿城现代农业综合体编制科学规划，为综合体项目实施提供坚实的科研成果和集成技术。绿城集团为综合体开发提供雄厚的资金投入以及成熟完善的农产品营销网络。三方相互签订协议，建立紧密协作关系，构建一个相互依存、高效运作的稳定支撑架构。

3. 建设目标定位

绿城现代农业综合体将依托绿城集团自身积累的项目开

发管理经验，以及资本运作和资源协调方面的优势，积极发挥知名企业的品牌带动作用，以绿城集团广大业主为主要服务对象，建设浙江领先、国内一流的精品农产品生产基地。并通过浙江省农科院的科技开发、园区规划和后续专家团队的运营，用十年左右时间，逐步把绿城现代农业综合体打造成一个拥有完整产业链的高技术农业综合示范基地，一个兼具休闲度假功能为一体的秀丽小镇，一个具备国际影响力的农业论坛永久性会址。

至2015年，共引进5～8个研究所，30个以上项目，推出10项以上重大成果，启动5个以上的农业产业化项目，带动嵊州农业主导产业步入全省先进行列，基本形成新时期院地企业三方合作、“三农”发展的“嵊州模式”。同时把综合体建成基础设施完善、功能布局合理、产品结构优化、科技应用先进、经济效益显著、示范和辐射带动作用明显的集生产、加工、休闲观光、科技示范为一体，具有嵊州特色的、高效生态特征和较强市场竞争力的现代农业综合体。

到2020年，达到引进10～15个研究所，60个以上项目，推出20项以上重大成果，启动10个以上的农业产业化项目，把综合体建设成为农业科技的创新区、技术组装集成的载体，现代农业科技信息的辐射源，人才培养和技术培训的基地，成为嵊州市现代农业科技先行区、循环农业示范区、新农村建设样板区、农业体制机制创新区、浙江省现代农业“两区”建设顶级示范样板区，不断提升完善“嵊州模式”，为我国农业科技创新、现代农业发展和新农村建设发挥强有力的支撑和引领作用。

4. 核心建设内容

2012—2015年以设施蔬菜花卉区和精品果园区为主要建设内容。至2015年，设施蔬菜花卉区完成土地平整，智能温室、智能连栋大棚、普通连栋大棚以及附属设施完成建设，并按照种植计划开始种植瓜果蔬菜和培育种苗花卉；精品果园区至2015年完成设施栽培区（110亩）、不同栽培模式展示区（30 亩）、百果园（40 亩）和种苗区（100 亩）的建设，生产栽培区以原有果树为基础，有条件的地块可选择种植梨、桃、嵊县桃形李等，逐步更新改良品种。

2015—2020 年全面建设管理服务中心、农贸物流配送中心、农业科技产品工业化生产区、新农村建设示范区、全球农业论坛、生态公益林、乡村主题乐园、生态粮油茶生产基地、水产养殖和畜禽基地等，完善综合体整体产业功能布局。

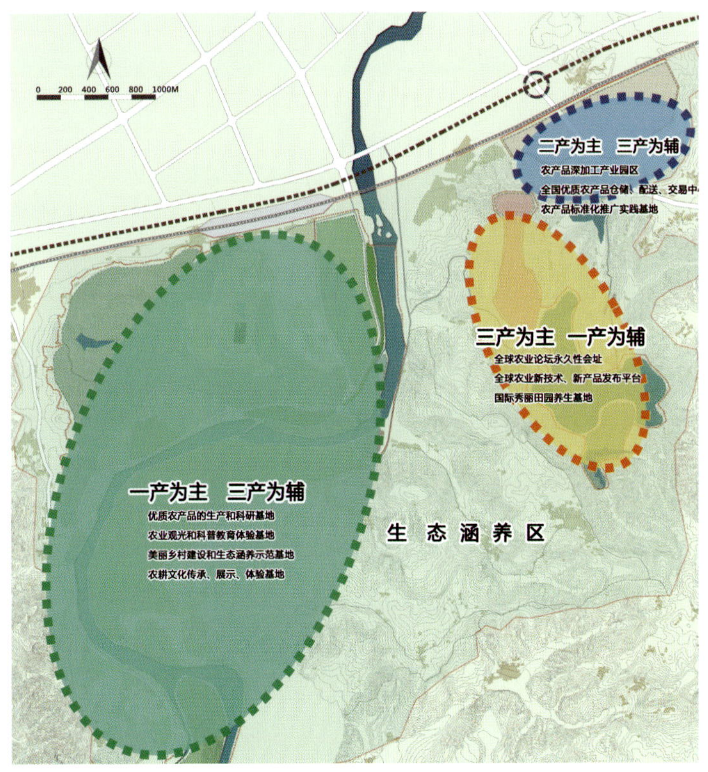

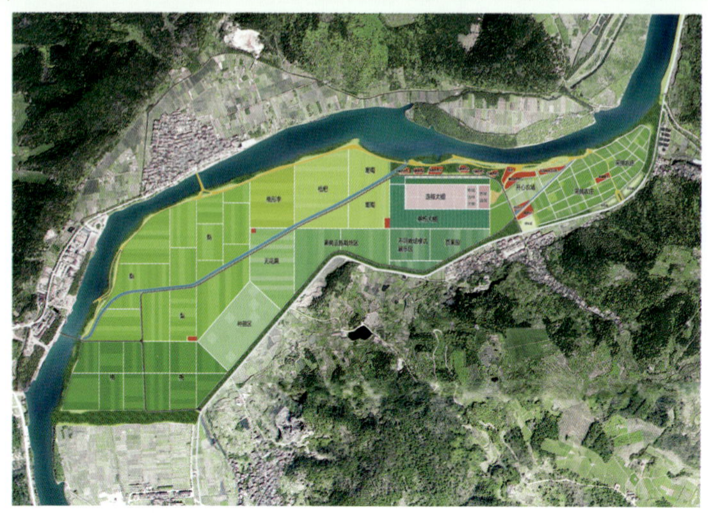

六、浙江九九红玫瑰园

浙江九九红玫瑰科技有限公司成立于2008年，注册资金1 300万元，位于浙江省现代农业示范园区之一的衢州农业对外综合开发区内，是一个集产、学、研相结合，研发、生产加工及销售为一体的玫瑰种植加工高科技型企业，是浙江省首家玫瑰种植和深加工企业。

自2007年起，九九红集团开始涉足农业综合开发。在衢州农业对外综合开发区投资开发九九红玫瑰种植基地，引进玫瑰专业人才，开展玫瑰专业种植，完成技术攻关，以示范基地的方式，快速发展玫瑰种植3 000亩，在优化当地生态环境的同时形成良好的经济收益，带动周边农户发展玫瑰种植上万亩，形成玫瑰种植规模化生产。与此同时实施苗木种植开发项目，进一步实践农村产业转型升级。2008年，九九红集团开始规划玫瑰深加工项目，以挖掘更大的玫瑰价值。成立九九红玫瑰科技有限公司，九九红化妆品厂，开展专业玫瑰产品深加工技术研究尝试。经过多年实践，智慧勤劳的九九红人，以产自九九红玫瑰基地的优质有机生态玫瑰为原材料，自主研发生产玫瑰花茶，玫瑰精油，玫瑰花露水，玫瑰护肤品等琳琅满目的专业玫瑰产品。并依托万亩玫瑰基地与自主研发生产实力等优势，在中国上海、深圳、杭州等大城市投资组建专业玫瑰产品销售与经营公司，利用旗下“优奈思”“悠香堂”“艾露恩”“伊玫丝”等专业品牌，以专业化经营，品牌专业店、商店超市、美容院线营销，体验服务等各项市场营销策略，着力销售各类玫瑰产品，将优质、健康的九九红玫瑰产品传递到全国各地。同时综合利用玫瑰产业园优质自然资源优势，发展玫瑰产业主题文化休闲观光旅游，赢得各地游客广泛美誉，成功打造中国首个玫瑰专业产业链，领跑中国玫瑰产业，致力传递玫瑰幸福。

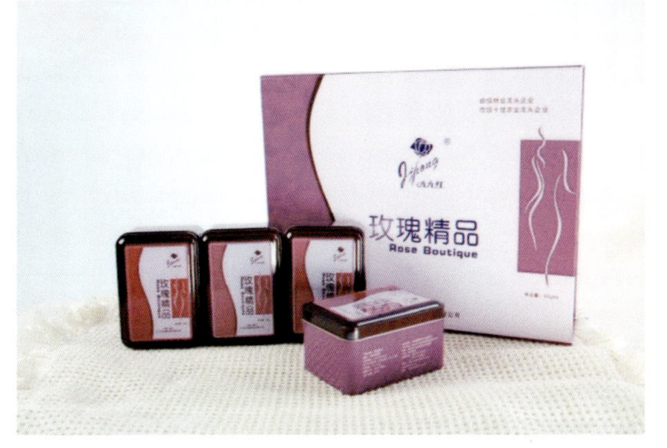

七、金龙浦农业合作社

农民专业合作社是现代农业园区建设和发展创意农业的核心经营主体，农民专业合作社的改革发展事关农业发展、农业园区建设和农业现代化推进的大局。近几年来，浙江省各地把依法发展农民专业合作社作为创新农村经营体制、推进现代农业建设、增加农民收入的重要措施来抓，根据当地农业主导产业发展情况，引导农民兴办专业合作社，扩大合作社的覆盖面，并坚持一手抓发展、一手抓规范化建设，推动农民专业合作社健康发展，使农民专业合作社成为解决一家一户农民服务难、难服务问题的重要组织形式，走出了一条以农业产业组织创新促现代农业发展的有效路子。以农民专业合作社为主要形式的新型农业产业组织的发展有效支撑着现代农业园区建设，为创意农业发展提供了组织载体和基础动力。

宁波市宁海县金龙浦农业合作社成立于 2000 年下半年，2002 年 1 月正式工商注册登记，是宁海县第一家具有独立法人资格的农民专业合作社，主要从事西瓜的生产、经营和服务。几年来，合作社坚持“服务社员，致富社员”的办社宗旨和“诚信合作，创新经营”的立社理念，着力帮助社员解决生产经营中的技术、资金及销售等重点难点问题，较好地实现了增加社员收入、做强做大西瓜产业的目标，多次被评为宁波市和宁海县示范性农村专业合作组织，2005 年被评为浙江省优秀农民专业合作社。

1. 立足产业发展，积极探索合作模式

西瓜曾经是宁海长街、明港一带的特色产品，但由于受到品种老化、土地“熟”化、种植技术低下等因素制约，在 20 世纪 90 年代后期逐步萎缩。为振兴西瓜产业，更好地带领农民致富，2000 年下半年在当地农技人员的带领下，成立了专业合作社，在长街镇回林村和黄坛镇大洋山村组织农民开始积极的合作探索实践，请专家上课传授技术，为社员垫资垫物，主动为社员搞好服务。2001 年，合作社的小型西瓜批发价比普通大棚西瓜高一倍，并获得宁海县第一届西甜瓜品评会小型瓜类第一名，社员收入增加明显，合作社走出了成功第一步。2002 年初，合作社落户宁海明港镇，开始将资金、技术、品牌、服务要素引入到无资金、无技术、无市场销售能力的普通农民中，取得了良好的社会、经济效益，带动了大批周边农户种植西瓜，入社农户逐年增加，经济实力不断增强。目前合作社有入股社员 136 个，联系带动农户 350 多户，建成核心示范基地 1 个，面积 530 亩；带动西瓜合作生产基地 12 个，面积 2 500 多亩；合作社资产总额已达 1 000 万元。

2. 健全服务内容，增强合作社凝聚力和向心力

几年来，合作社围绕西瓜生产主要开展了以下几项服务：一是统一技术标准，开展技术培训指导。合作社制定了统一的技术标准，并根据不同生产季节，邀请专家对社员进行技术培训和指导，采用面对面实地培训和社员个别指导方式，及时解决社员生产中的技术问题，使各项先进实用技术得到有效应用。几年来累计培训农户近 2 000 人次。二是统一供应种苗和各类主要农资，降低社员生产成本。合作社利用基地现代化的育苗设备和技术，向社员提供质优价廉的西瓜种苗，对于西瓜生产过程中社员所需的薄膜、毛竹等农业生产资料，由合作社直接向生产厂家订购配送，既保证了农业生产资料的质量，又降低了社员生产经营成本。社员每亩农田因此可节省种苗费用150元，薄膜开支100元左右。合作社成立以来，已低价优惠供应各种种苗200余万株，薄膜、肥料、农药1 000余吨，为社员减少开支300万元。三是提供担保服务，解决农户资金短缺问题。针对社员缺少生产资金这一难点问题，合作社积极争取县农保中心和县信用联社的信任和支持，为社员生产资金贷款提供担保服务，解决社员生产资金短缺的难题。几年来，已累计为社员提供贷款担保250多万元，特别是在成立之初，合作社基地连续遭受两次强台风袭击，有10户社员损失惨重，无法按期归还贷款，合作社毅然替这些社员按期偿清了30万元的贷款本息，帮助农民渡过了难关，赢得了农户的信赖和支持，也树立了合作社诚信经营的良好形象。

3. 以科技进步增强合作社可持续发展能力

合作社围绕西瓜产业发展中的连作障碍、品种退化、工厂化育苗、标准化栽培等关键环节，与上海农科院、浙江高科技农业示范园区、宁波农科院等科研单位建立合作关系，及时掌握西瓜产业发展最前沿的信息、品种和技术，引进推广瓜果等新品种20余个，使合作社在品种、技术等方面始终处于宁海西瓜产业领先地位。因处于台风高发地带，每年台风都会给当地农民带来惨重损失，合作社经过研究，摸索出了一套“规避”台风灾害的办法，指导社员采用“选择早熟品种、多膜覆盖、增加密度”等技术，确保社员在台风到来之前每亩有1 000～2 000元的收入。2005年，宁海虽遭受到两次重大的台风袭击，但社员一般都获得了2万～3万元的纯收入，因此增强了他们继续发展西瓜产业的信心。

4. 以品牌铸造合作社产品市场竞争力

合作社在抓好标准化生产的基础上，依托“金龙浦”品牌，对社员符合质量标准的产品，统一进行清洁、分级、定量、贴牌、包装等产后处理，统一销售，并与营销组织、购销大户建立合作关系，通过批发、订购、配送等手段，及时将合作社产品销往市场。同时，积极参加各种农博会、农展会及专场展示展销会，不断提升合作社产品的知名度和影响力。几年来优质农产品销售额达到3 000多万元。

5. 创新运行机制，提升规范化水平

按照《浙江省农民专业合作社条例》要求积极开展规范化建设。一是按照《条例》和《浙江省农民专业合作社示范章程》，结合本社实际，召开社员大会，对章程进行了修改完善。二是健全了组织机构。建立了社员大会、理事会、监事会，按照章程履行相应职责。三是规范了社员管理。统一印制了《社员股权证》和申请表，规范社员入社、退社手续。四是加强民主管理。在农业生产资料采购方面实行社员决策，并由社员代表参与联合采购，深受社员欢迎。五是健全财务会计制度。按照浙江省农民专业合作社财务、会计制度的要求，聘请了财会人员，规范了会计核算。六是加强对示范基地的经营管理，制定了相关的管理制度。通过合作社运行机制的规范完善，进一步调动了社员生产和管理的积极性，增强了合作社的凝聚力，营造了合作社民主和谐、团结共进的良好氛围。

连栋大棚示范区

标准化生产

吊蔓的西瓜

西瓜之王——双色冰淇淋

第三章

休闲观光创意农业工程案例

休闲观光农业是指充分利用田园景观、自然生态及环境资源等，结合农林牧渔生产、农业经营活动、农村文化及农家生活，通过规划和综合开发，延伸产业链、拓展产业功能的新兴产业；是以提供人们更多休闲去处、增进居民对农业和农村体验，增加农村就业、提高农民收入、提升农业产业层次为目的的新兴产业；是结合生产、生活与生态三位于一体的农业，在经营上表现为产供销及旅游服务等于一体的农业发展形式；是区域农业与休闲旅游业有机融合互生互化的一种新兴产业。

综观浙江休闲观光农业的实践模式、观光内容和活动项目，可分为以下六种类型：农庄经济型、园区农业型、特色产业型、自然人文景观型、农家乐型、农业贸易型。从休闲农业产业起源与发展背景看，又可归纳为三类发展模式：一是以延伸拓展农业景观为主的。如农庄经济型、园区农业型、特色产业型，其特征是从农业向休闲旅游拓展，实现农中有旅，达到以旅促农；二是以满足游客需求为切入点的。如自然人文景观型与农家乐型，其特征是通过休闲旅游（市场）来进行农业结构调整，同时，促进农产品销售，可以有效缓解产销对接难的问题；三是通过农产品加工和流通领域向休闲旅游业拓展的，如农业贸易型。

休闲观光农业的本质创意是通过科学与艺术的结合，精神文化理念的渗透，在利用现代物质、技术装备农业，提高农业物质产能的同时，提升其精神文化品位，享受精神文化熏陶或寄托。这种业态的增值来自于吸引游客光顾的程度，决定于其景观的特色、物产的新颖、文化的底蕴、知识的含量、技术与理念的创新。因而从这一层面来看，创意农业是休闲观光农业的重要组成部分，处于休闲观光农业的产业链和价值链高端，是休闲观光农业的最高层次。发展创意农业对于提高休闲观光农业的文化艺术含量，提升休闲观光农业档次品位，更好地满足人民日益增长的文化精神需求和支撑城乡居民的品质生活追求具有极为重要的现实意义。本章遴选的典型案例来源于浙江休闲农业不同模式类型，以及覆盖全省的精品休闲观光农业旅游线路和节事集锦。在这些休闲观光农业的点、线、面（旅游带）真实案例中，读者可感受“有光可观，有景可赏，有知可学，有技可习，有娱可乐，有典（故）可寻，有物可采，有鲜可尝，有食可享，有闲可休”的种种创意。

一、浙江油橄榄的发展创意

油橄榄（*Olea europaea* L.），原产小亚细亚，是一种名贵的木本油料作物，在地中海沿岸已有约 4 000 年的栽培史。该作物耐瘠、耐旱性强，适合丘陵山区坡地种植。从新鲜油橄榄果中直接榨取的橄榄油是国际公认的高品质食用油，其不饱和脂肪酸含量高达 80%左右，长期食用具有降低胆固醇、预防心血管疾病、抗癌防癌等功效。据国际油橄榄理事会（International Olive Council，简称 IOC）统计，近年来全球橄榄油总产量和消费量约 300 万吨，约占全球食用油消费量的 3%。地中海沿岸是橄榄油的主产区，约占全球产量的 97%。西班牙、意大利是主产国和主要消费国，人均橄榄油消费量达 12 升/年以上。近十年来随着我国经济的持续快速发展，国内橄榄油消费需求快速增长，但由于国内油橄榄产业化生产尚处于起步阶段，因此当前市场上销售的橄榄油几乎都是从国外进口。据有关方面统计，1999 年我国进口橄榄油 123 吨，到 2012 年增加到约 4.5 万吨，因此发展油橄榄生产市场前景良好。

1. 油橄榄种植方式

当前油橄榄种植方式可归纳为两种类型，即低密度传统型和高密度集约型（super-high-density，简称SHD）。国内现有的油橄榄园都属于低密度传统型，这种油橄榄栽培方式对地形条件没有特别要求，只要土壤理化性状符合要求，平原和山地皆可，以山地为主，密度一般为20～25株/亩。采用人工进行修剪、采摘等田间农事操作，费工费时、生产效率低，对劳力的依赖性极高。自20世纪80年代以来，由于人工成本不断递增，传统生产方式面临前所未有的压力，于是从20世纪90年代开始西班牙、意大利等油橄榄主产国开始研究、推广以机械操作为主的生产技术，以减轻油橄榄生产对劳动力的依赖。高密度油橄榄集约化栽培技术正是在这种背景下出现的一种全新的油橄榄生产方式，其突出特点是：①种植密度大，一般100～110株/亩，要求品种树形小；②进入结果期早，种植后2～3年开始开花挂果，4～6年进入丰产期，较传统栽培方式早3～4年；③广泛采用机械修剪、采收，劳力成本大大降低、生产效率显著提高；④可实行肥水一体化管理，农资等生产要素利用率高；⑤仅适合低丘缓坡或平原地区生产。油橄榄集约栽培技术的推广应用，彻底改变了数千年来油橄榄生产传统，具有变革性的意义。与传统生产方式相比，油橄榄集约化生产方式产量水平高，增产潜力大，一般亩产果可达600千克/亩以上（相当于产油90千克），最高可达1 000千克/亩，较传统生产方式成倍增长。除传统的地中海产区外，美洲和大洋洲等新兴油橄榄产区都在大力推广这种栽培模式，至2009年全球采用这种生产方式的新建油橄榄园已达120余万亩。美国是油橄榄的新兴产区，1999年美国加州开始推广SHD种植模式，至2009年种植面积已达约18万亩，占加州油橄榄总面积的2/3以上，其中95%的橄榄园都是在2005年后新建的，其发展速度、种植热情令人诧异。

2. 油橄榄发展与食用油供应的重要性

国以民为本，民以食为天。当今全球有近 10 亿人饱受饥饿，其中 1/4 生活在亚太地区，因此解决粮食安全问题对亚太地区尤为迫切。我国粮食产量虽然连续九年实现增产，但食用油供给长期严重不足，自给率仅约 40%，同样存在着食用油供给的安全隐患。2008 年国内出现以食用油、猪肉为明显特征的结构性物价上涨，对我国国民经济产生重大冲击，便是一典型的例子，凸显增加油料作物产量和食用油供应的重要性。

分析我国食用油长期供不应求的原因，一方面由于主要油料作物如大豆面积不断被玉米等高产作物挤占，播种面积逐年减少；另一方面，传统油料作物单产水平不高、提高不大，与其他作物相比没有比较优势。鉴于我国可耕地面积的限制和主要粮食作物生产的压力，当前试图通过增加传统油料作物面积实现提高总产的难度很大，几乎不可能从根本上解决短缺问题。对此，国务院曾于 2008 年出台了《国务院关于促进食用植物油产业健康发展保障供给安全的意见》（国发〔2008〕36 号），明确提出要加快科技支撑能力建设，大力发展油橄榄等特种油料作物生产，指明了我国今后油料作物生产的发展方向和途径。

3. 浙江油橄榄引种试验进展

我国南方农业自然资源条件优越，温、光、水、热充沛，多数地区自然条件都能够满足油橄榄生长的需要。虽然南方红黄壤普遍存在着酸、黏、瘦、渍的不良特性，但我国南方红黄壤区范围广、面积大，所涉及的 16 个省区土地面积达 218 万平方千米，土壤类型众多，可选余地较大，可以优先选择那些土层深厚、质地疏松、酸性较弱的红黄壤建园，因地制宜开展试验、示范，总结技术经验，逐步推广。实践表明，我国甘肃武都、四川绵阳、达州等地都有开展油橄榄产业化生产的成功例子，其产量水平达到国外油橄榄主产区同类油橄榄园水平。表明只要坚持因地制宜、科学种植，是一条符合国情的油橄榄发展之路。本世纪以来，本项目组在全省各地不同土壤环境条件下广泛开展引种试种和配套栽培技术试验，迄今已初步筛选出适合浙江省不同气候和土壤条件的优良品种及其配套栽培技术，取得阶段性的进展。2013年龙泉试点已全面开花，遂昌基地（2012年新建）个别品种也已开花挂果。

我国南方丘陵山区发展油橄榄生产，不存在与主要粮油作物争地的问题，又可以有效地扩大我国油料作物的播种面积，增加食用油产量与供给，还有利于增加植被，涵养水源，增加森林碳吸收。但是南方红黄壤普遍具有的酸、黏、渍等理化特性不利于油橄榄的生长，需要充分利用现代科学的进展，从品种、栽培和土壤改良等方面组织系统的研究，逐步加以解决。因此我国发展油橄榄生产是一项富有挑战性、需要创造性的工作，任务艰巨而意义重大。

油橄榄果实

单株栽培——成片的油橄榄树

二、绍兴盘龙山庄

型塘村盘龙山庄位于绍兴县城柯桥镇西南 7.7 千米处，隶属绍兴县柯桥湖塘镇湖塘街道型塘村。距村庄中心 1.5 千米。盘龙山地处平原与低山过渡区，三面环山，其间为沟谷，地貌上呈小型盆地，自然风光秀美，植被覆盖度高，平均温度较平原地带低 3～5℃，具有山地小气候特征。目前农家乐旅游区用地 200 多亩，主要种植杨梅，亦有 20 多亩毛竹林和未改良茶园。

盘龙山地理位置优越，距绍兴县城仅 15 分钟车程，园区位居柯桥商贸区辐射圈内，在柯岩旅游景区和大香林乡村休闲旅游区之间，其中东距柯岩风景区 4.8 千米，西南到大香林乡村休闲旅游区 1.9 千米，离绍兴南复线仅为 4 千米，交通便捷。山庄小盆地区内地貌类型齐全，山地小气候宜人，生态环境良好，依托周边旅游风景区和柯桥轻纺市场，具有充分的客源条件和发展农家乐休闲旅游业的优势。

经过三年建设，目前盘龙山庄农家乐旅游已开发 5 大功能版块，20 多个农家乐休闲创意项目。

1. 农家乐管理服务区

以生产服务、办公管理、餐饮住宿接待和休闲为主要功能，为游客提供餐饮、住宿、娱乐、购物（土特产）等服务。

休憩长廊

小型会议、休憩、报刊阅览的多功能厅

2. 果蔬采摘体验区

依托杨梅和竹笋种植，林间散养土鸡，沟谷地上种植四季瓜果蔬菜，综合开发果蔬区生态旅游及休闲娱乐体验项目，主要包括观赏采摘、挖笋体验、踏青爬山、纳凉休憩等内容。

果蔬采摘体验区

3. 珍禽观赏区

已引进贵妃鸡、乌骨鸡、银耳鸡、火鸡、七彩山鸡等，可供游客观赏。

多种珍禽可供观赏

4. 田园风光观赏区

以综合自然生态景观，特质乡土资源，农业生产生活要素及其组合为主要功能，开发设计多种田园风光观赏和农事体验活动项目。

5. 休闲垂钓区

以水库养殖鱼虾为主要功能，已开发趣味垂钓台、水上茶室等项目。

6. 经济效益和社会效益

2011年以来盘龙山庄休闲观光服务能力有较大幅度的提高，年接待游客已超2万人次，旅游收入200万元；2013年接待游客量预计可达4万人次，休闲观光收入达到500万元，2016年后经济总收益预计超1 000万元，基本将前期的投入全部收回。在其后的建设发展中产生可持续收益。

盘龙山庄农家乐开业以来，已增加种植、养殖、农业旅游观光服务就业岗位50余个。另外在蔬菜、水果等采摘季节雇用季节工200余人。农家乐休闲旅游和农业的联动建设为型塘村农民创造了就业机会，为促进新农村建设提供了示范样板。

三、衢州七里乡农家乐

七里乡地处衢州市区西北部，东北面与太真乡接壤，西与常山县新桥乡交界，南与石梁镇为邻，东南紧靠九华乡，乡政府所在地大头村距城区33千米。七里乡是一个纯山区乡，属怀玉山千里岗山系。由于山高谷深，气温相对较低，年平均气温在14℃左右（衢州市区的平均气温为17℃），7月平均气温26.2℃，是夏季理想的避暑去处。全乡总面积60.45平方千米，下辖15个行政村，64个自然村，52个村民小组，总人口5 082人。

七里乡境内生态旅游资源丰富，有海拔1 327米大谷坪山脉、海拔1 151米的老鹰石、落差70余米的杨花瀑布、飞来石瀑布、治岭石林、红军墓、望穿洞等自然景点。全乡森林覆盖率达98%；境内共有千米以上高峰15座，七里香溪沿村伴山而过。优美的自然景观和丰富的农业资源为本区发展“农家乐”提供了优越的条件。

1. 农业结构和“农家乐”启动

在“农家乐”旅游产业发展之前，七里乡传统的农业生产方式主要有三种：山上毛竹、山下高山蔬菜、山外劳务输出。传统的农业结构及其经济发展模式使山区农民难以摆脱贫困；20世纪80年代无序的毛竹加淹塘的土法造纸业，不仅未使农民增收，还严重污染了环境。据乡政府资料显示：2003年前，七里乡有两家土法造纸厂共三条生产线，年均产生化学耗氧量180吨，二氧化硫32吨。此外，全乡农户累计土法上马修造竹料淹塘1 423个，多数分布于河流或近水源处。纸浆和土法造纸虽然使乡镇企业人均年收入达到1 646元，而带来的环境代价是巨大的。据在各村与干部和老农的访谈，当时的七里香溪是名副其实的臭溪，造纸污水和沿江竹料淹塘的污水直排溪中，水生动植物全部死亡，作为衢江的主要支流之一、供5 000余人口的主要生产生活用水被严重污染，溪水已不宜饮用和灌溉。

以牺牲生态环境换发展的教训是惨痛的，七里乡面临脱贫发展和污染困境的困境。痛定思痛，2003年政府强制关停了这些纸浆造纸企业，指导竹农与企业转产转业，并对区内环境进行了综合整治，杜绝源头污染；竹料淹塘或养鱼种藕，或填土复垦。与此同时，在评价论证山区旅游资源优势和城郊客源优势的基础上，于2005年启动发展“农家乐”乡村休闲旅游业的山区经济发展方案。

2. “农家乐”综合效益

在政府指导和农民参与下，经过几年的努力，目前农家乐旅游在全乡农业结构调整中取得了显著的经济、环境和社会效益。七里乡“农家乐”由最初的“政府推动＋政策带动”起步，发展到现在的“巩固、提升、转型”阶段，农家乐经营规模由最初的1个村、6家经营户、20张床位扩大到到现在的7个村、91家经营户、1处山庄，共1 335张床位。其产业发展的突出贡献主要体现在以下几个方面：

3. 增加了农民的收入，提高了乡（村）的生活水平

"农家乐"的发展为农民带来了明显的经济效益，增加了农民收入。2005年七里乡"农家乐"旅游达到12万人次，此后逐年递增。由于农家乐产业带动农业发展的效应，全乡农民的人均年收入有了极大的提高。自2004年"农家乐"旅游启动以来，乡、村人均年收入均有了普遍提高。全乡人均年收入从2004年的1 646元增长到2011年的5 895元。其中"农家乐"发展最成熟的黄土岭村，人均年收入增幅更为显著，由2004年的1 781元增长到2011年的11 324元。作者从近期的跟踪调查中了解到，2011年七里乡接待游客44万人次，农家乐创办至今全乡游客总接待量已超172万人次，营业总额达6 073万元。农家乐旅游驱动的生态经济有效地帮助全乡农民脱贫致富。

4. 调整了山区农业结构，形成农家乐与农业生产的产业链

"农家乐"旅游是农业产业改造和升级的重要途径。在发展"农家乐"旅游业之前，七里乡的竹笋、高山蔬菜、野生蜂蜜等土特产，需要农民贩运到市郊销售，交通和人工成本极高，价格却很低廉。"农家乐"的发展刺激了当地农副产品的生态种养，与有机农副产品开发并举形成农家乐与农产品的产业链，直接带动了全乡高山蔬菜等农特产品的销售，有效促进了周边村民的增收。如今乡里的高山蔬菜基地成了"农家乐"经营的菜源储备基地，菜农足不出乡就可以销售高山蔬菜。此外，"农家乐"经营户除了直接在自家的菜园采菜，亦可对接菜农送菜上门。"农家乐"项目中由游客采摘及加工包装结合的高山蔬菜销售模式，在很大程度上提升了全乡农副产品的附加值，增加了高山蔬菜的知名度，为菜农增收提供了更多的销售渠道。如今，来七里乡农家的游客到高山蔬菜基地购买农家菜回家，成了高山蔬菜上市期

"农家乐"旅游的重要内容之一，很多游客因此从吃农家菜转而订购农家菜。在其产业链的拉动下，竹农毛竹售价也从2004年的0.16元/斤*上升至现今的0.24元/斤。据不完全统计，在"农家乐"旅游旺季，全乡农民在5—8月间新增农产品销售收入达50余万元。农业产业结构调整既为"农家乐"旅游产业发展提供保障，又增加了农产品附加值。

农家乐与农业的产业链对乡域经济的拉动吸引了多家公司和企业的介入，在充分论证企业资质的基础上，七里乡政府严格把关，近年来先后引入衢州市七里旅游景区开发有限公司、浙江衢州市柯城区山里农副食品加工厂、龙潭山庄、七里红酿酒有限公司、蔬菜采摘观光园等多家企业，开发了多项农家特产及旅游产品项目，目前已有山里农食品、观光采摘项目、七里红酒等多个知名品牌进入市场。企业的参与提升了农业产业链的科技含量，有效促进了本地区生态经济的转型和发展。

5. 农村就业机会增加

旅游业属于劳动密集型产业，发展"农家乐"需要一整套的服务设施，不仅需要管理人员和服务人员，还需要住宿、饮食、交通等行业，能吸引大量劳动力就业。七里乡在发展"农家乐"旅游业之前，大量居民外出打工，特别是年轻人几乎全部外出，留守的大多为老人和妇女，由于年龄和劳动技能的约束，农业收入有限，农业以外就业机会极少。自"农家乐"旅游启动以来，很多外出务工的青壮年农民开始返乡，在种养殖和农家乐产业中就业创业。"农家乐"经营户中出现了三代从业者，第一代雇工是节假日帮工，第二代雇工是"农家乐"发展过渡期的短工，第三代雇工是"农家乐"发展成熟期的长期工。"农家乐"的发展为七里乡农民创造了众多的就业渠道。

---

* 1斤=500克。

6. 全乡环境得到极大改善，推动了生态文明建设

七里乡用“农家乐”旅游替代了传统的土法造纸，开展村庄整治，涵养山林资源，实现了全乡农业结构向生态经济的全面转型，不仅带来了巨大的经济效益，而且促使环境全面改观。境内的溪水由过去的臭溪变成清澈的七里香溪，游客可以在此尽情看水、听水、戏水、亲水、筏舟漂流；对水质条件要求较高的清水鱼、娃娃鱼得以生长，成为农家乐观光旅游的生态资源依托。同时“农家乐”旅游发展与新农村建设互促共进，使全乡生态环境进入良性循环，村容村貌焕然一新，卫生状况大大改善。

通过“农家乐”发展的驱动效应，七里乡近几年连续荣获了“浙江省农家乐特色示范村”“浙江省二星级乡村旅游点”“全国农业旅游示范点”“浙江省魅力新农村”、浙江省林业观光园区、浙江省森林食品基地、浙江省绿化示范村、浙江省兴林富民村等荣誉称号，生态文明建设成效卓著。

7. 启示

七里乡在转变山区经济结构中以生态“农家乐”替代污染型乡镇企业，使“农家乐”农业产业链延伸拉长，农民快速脱贫，就业人数提升，有力促进了沟域经济的发展。

七里乡“农家乐”和农业的产业联动模式惠及沟域内农家乐经营户与种养殖农户，使农业旅游与农村发展互促共进。其模式的成功关键在于乡政府的统筹计划引导以及村委会、农家乐协会的有效协调和组织管理，从而使农民共享经济、社会、环境的综合发展效益。

七里乡“农家乐”和农业联动模式有效驱动山区生态经济协调发展，该模式可在浙江省和全国类似山区乡镇借鉴推广。

四、慈溪大桥生态农庄

宁波慈溪大桥生态农庄地处杭州湾南岸，杭州湾跨海大桥西侧，总面积达 2 000 亩，属季风气候，四季分明，有充足的雨量和光照，湿润的气候孕育出丰富的植物资源。种植加拿大海枣、紫薇、重阳木、榉树、桂花等各种观赏树种达 100 余种，湖岸和护坡建有亭、台、楼、阁、小桥流水、竹廊、形态各异的奇石喷泉以及各种古色古香的建筑物 80 余处。已形成聚农业风情、种植文化、科普教育、休闲娱乐等为一体的现代农业观光庄园。农庄已累计接待游客 500 多万人次，先后被评为国家 4A 级旅游景区，获全国农业旅游示范点、国家休闲农业与乡村旅游示范点等荣誉称号。

农庄以注重生态、崇尚自然为特色，先后开发了绿色农庄、农家餐饮、农家风情、农耕体验、休闲垂钓、拓展训练、素质教育、水上乐园、农业观光等旅游活动项目，使游客在游乐中悠闲地享受淋漓尽致的农庄美景，欣赏美妙的田园风光，感受回归自然、享受自然的美好意境，在欢乐和喜庆氛围中体验收获的喜悦。

1. 杭州湾生态农业大观园

位于大桥生态农庄四合院西侧，占地面积约 42 480 平方米，大门口为赋有创意的“天下粮仓”，门边刻有“春风沐三生，夏雨泽三农，秋露滋百花，冬雪润万物”的诗句。

农业大观园重点开发建设一“市”：田园超市；二“区”：露地区和温室区；三“能”：生物质能、风能和太阳能；四“用”：温室区雨水收集利用，污水生物膜处理中水回用，微滴灌、微喷灌节水应用；五“坊”：春蚕坊、编织坊、豆腐坊、煮酒坊、晒盐坊；六“园”：即建设 6 个主题的日光温室：蔬菜森林、奇巧园艺、沙漠风情、热带雨林、北国风光、瓜果飘香。6 个独立的日光温室分布在露地区中，露地区中建设 5 个主题的特色园，即回归自然风情园、江南水乡风情园、落叶果树展示园、常绿果树展示园、蔬菜大观园。

2. 长三角生态休闲渔园

位于杭州湾生态农业大观园两侧，水域面积 405 亩，陆地面积 15 亩，包括渔博物馆，渔家餐馆，休闲渔园及渔家小村。

休闲渔园建有标准化生态鱼塘 405 亩，其中 1 号鱼塘 140 亩，2 号鱼塘 102 亩，3 号鱼塘 118 亩，4 号鱼塘 45 亩；建筑面积 560 平方米，其中渔博物馆 280 平方米，渔家餐馆 280 平方米，休闲渔园 5 亩，包括激流勇进、徒手抓鱼及配套的景观设施和渔家小村。渔家小村位于生态农庄西侧，占地 2 200 平方米。渔家小村共建造双人套房十幢，四人套房八幢，八人套房二幢。房屋为单层别墅型混合结构，计总建筑面积为 1 346 平方米。

3. 慈溪市青少年素质教育基地

位于杭州湾生态农业大观园南首，占地面积 200 亩，包括教学区、实践区、体验区和考察区。

教育基地建筑面积 2 900 平方米，其中教育办公区 250 平方米，师生宿舍 1 500 平方米，科技活动室 500 平方米，综合会议室 500 平方米，附属用房 150 平方米。农业实践区 2 500 平方米。教育基地每天可接待学生 150 名。教育基地采用灵活、多样的教育内容方法，主要有参观、考察和实践三大类。通过以上三类的建设，形成一个集农业科技、农耕文化、军事训练、环境保护、科技活动、数字农业、能源开发等为一体的综合性教育基地。

4. 数字农民与农民信息化平台

建设在宁波慈溪农业科技示范园区内，目前已经进入第一阶段的建设，通过农业科技园区的信息化管理来提高园区的技术含量、经营管理水平、招商引资力度和示范辐射的功能；通过产地环境质量评价、精准施肥和标准化生产技术（系统）的应用达到作物生产的精细管理，提高肥料利用率，改善施肥对环境的影响，提高农产品品质和市场竞争力。

通过对农业科技示范园区的信息化管理、产地环境质量评价、精准施肥和安全生产系统（软件）的配套熟化，在宁波慈溪长河国家农业科技示范园区中试示范，为各类农业科技园区和特色基地的应用提供成熟的技术、方法和系统软件。

5. 慈溪市盐生植物示范园

由慈溪市蔬菜开发有限公司于 2004 年 9 月投资，由宁波市大桥生态农业有限公司负责建设、管理，以收集、驯化、筛选耐盐（盐生）植物资源为主要特色，以科研、科普、示范、推广为基本任务，是一个集科研、示范、观赏为一体的植物园区。

建园以来，慈溪市蔬菜开发有限公司和宁波市大桥生态农业公司以盐生植物示范园为依托，先后承担了宁波市科技局项目“滨梅的引种筛选及开发研究”“海水蔬菜海蓬子引进、新品种选育和产业化开发”；以及慈溪市科技局“海滨锦葵新品种的引进及配套种植技术研究”“黄秋葵的引进及产业化开发研究”，在抗盐碱、耐淹渍植物的选育和盐生植物资源的开发利用方面取得了新的进展。

慈溪市盐生植物示范园为杭州湾海涂乃至国内外同类盐碱地开发探索出了一条可持续发展之路，得到了各级领导、专家学者的高度重视与支持，先后接待了国内外参观者近万人，已与南京大学生物技术研究所、杭州湾跨海大桥工程指挥部、中国农科院、浙江大学、浙江万里学院等十几所大专院校、科研单位形成良好的合作关系。

在不久的将来，随着越来越多人的重视、参与盐生植物的研究与开发，在美丽的杭州湾跨海大桥的桥头堡之处将建成一个集科研、生产、示范、推广、观赏为一体的独具海涂地特色的植物示范园区。

五、宁海欢乐佳田农场

欢乐佳田农场位于浙江省省级新农村示范村——宁波市宁海长街山头村，占地面积 1080 亩，依山环水，是一个江南特色的平原园地与山水呼应的立体水乡，为十万亩浙江东海岸现代农业循环经济示范园区的核心区块。农场以“农业”为基础，“创意”为灵魂，“体验”为核心，“科技”为支柱，多元化开发项目，规划打造一个集现代农业科技、种子种苗、农业体验、农耕文化、科普教育、示范推广、田园观光、休闲度假、餐饮住宿为一体的综合性现代创意农业园区。

2010 年 4 月 17 日对外营业，秉承“快乐体验，绿色健康”的经营理念，在农业基地的基础上，开发和挖掘当地特色的农产品以及相关产品，结合文化、旅游、教育、户外、游乐等元素，设计相应的体验活动。举办了“长街蛏子节”“金秋葵花赏花节”“中秋篝火晚会”等系列节庆活动，推出了“有机大米”“五彩番茄”“特色草莓”“宁海年橘”等系列绿色原生态农产品，快速积聚人气，提升品牌价值，得到了广大市民的好评。2012 年接待游客近 20 万人次。相继被授予“全国休闲农业与乡村旅游示范点”“全国休闲农业与乡村旅游四星级园区”“全国汽车自驾游活动基地”“浙江省休闲观光农业示范园”等荣誉称号。

欢乐佳田农场番茄联合国以番茄为主题，引进世界各国 43 个番茄品种，突出生产、娱乐、采摘、观赏、教育等五大功能。另外，园中配套辅助项目有：休闲茶座、手动 DIY 教室等。2011 年底，该农场投资 300 万元，建起了 100 多亩钢结构大棚，引进荷兰、日本、俄罗斯、美国、法国等 13 个国家的 51 个品种小番茄进行试种，目前已全部获得成功。

下一步欢乐佳田农场将围绕“番茄联合国”“南瓜王国”“养生菜园”等核心载体着力打造系列化的主题创意农业园，在农业园区的基础上建设生态旅游综合体，建设品牌直销店，塑造阳光、绿色、健康、快乐的新型农业创意品牌。

六、嘉善碧云花园

嘉善碧云花园位于大云温泉生态旅游区，碧云花园有限公司正式成立于 2001 年 3 月，目前公司拥有当地核心基地 1 100 亩，丽水、淳安外拓基地 1 100 亩。碧云花园区总投资 5 500 多万元，主要分为花卉生产区和生态休闲区。花卉生产区建有普通钢架大棚 250 个、现代化连栋式温室大棚 40 000 平方米，花卉种球处理冷库 1 200 立方米，拥有年生产能力 200 万苗组培实验室一个，花卉研究所及实验室一个，接待中心一个。生态休闲区占地面积 250 亩，建有一个 4 000 平方米农家乐接待中心。生态休闲区分为四个主景观光功能区，即：草地运动拓展中心区、十里水乡湿地景观区、特色农业景观区和培训餐馆休闲度假区。碧云花园的定位目标是建成“碧水云天的生态农庄，鸟语花香的人间天堂”，碧云花园被评为全国农业旅游示范点。

“一蝶一蜂一泓水，一花一叶一池娇”的生态体系创意

碧云花园生态理念就是不用农药、不用化肥，生产出最安全的花卉、蔬菜和水果。园区水果采摘游贯穿全年，每年 6 月至 11 月是葡萄采摘期，12 月至次年 4 月是草莓采摘期，5 月至 6 月是甜瓜、西瓜采摘期，此外，还有水蜜桃、蜜梨等水果可以采摘。近年来，碧云花园把农业生产与休闲观光相融合，通过结合农业观光旅游，发展科普教育，带动农民致富，走上了可持续发展之路。2012 年，用绿色、生态打造的碧云花园成为国家 4A 级旅游景区，向更多人展示人与自然的和谐景象。

在碧云花园，一些不起眼的装置，往往暗藏“玄机”。路边的一排路灯便与普通的路灯不同，这些灯的灯芯是一个白色的小袋子，灯罩则是一个半圆形的铁丝网，这是该园新装的沼气灯。目前装了 10 盏进行试用，今后将在整个园内推广使用，可以节省不少电能。园区内共有 20 多只沼气池，在保护生态环境的同时，解决了园区内部分燃料、饲料、肥料问题，实现了农业现代化。除了沼气灯，太阳能水泵、雨水循环利用系统、世博会上的电动车、美国馆的生态宣传片等“生态因子”一一揭开面纱。“一蝶一蜂一泓水，一花一叶一池娇”的生态体系，是碧云花园一直以来坚持和践行的

理念。碧云花园就是想传递这样的生态信号，展示一种别样的企业模式。

七、德清杨墩生态农庄

杨墩生态农庄创建于 2003 年初，由德清杨墩生态农业开发有限公司独资经营。农庄地处德清县中南部与杭州余杭区毗邻，面向省会杭州南大门，周边交通十分便捷，距良塘公路 3 千米，上塘高架 5 千米，到杭州市中心不过 20 千米，紧靠省道，另有杭宁、申嘉湖杭高速公路可直通。这里四季分明，温暖湿润，生态环境良好，特色生态农业经济发达，还有距今五千多年的良渚文化遗存，历史人文底蕴深厚。农庄现占地总面积已达 1 500 亩，由十景、六园、一塘、四港、五大功能区连环交叉组成。其中果园、苗木用地 660 亩，鱼塘水面 380 亩，道路和休闲木屋及管理用房占地 20 亩，东扩面积 320 亩。目前农庄总投资达 1 700 多万元。农庄内建有农庄宾馆一幢、应景小木屋 20 余栋、大小接待室、会议室多处，可容纳 100 多人住宿、200 多人开会、500 多人同时就餐，住宿、棋牌、垂钓等休闲设施齐全。

1. 水果采摘节日旅游

农庄临水听风，触目皆绿，处处散发淡淡的江南水乡风情，为自然野逸生态乡村旅游点。农庄清雅幽静，各种果木枝头弯腰，四季佳果可供采摘，随意尝鲜，享受大自然的赏赐，真正体验乡村田野闲情逸致。目前，农庄已成功举办数届枇杷采摘节、葡萄采摘节等活动。每逢枇杷金黄、葡萄成熟的时节，到杨墩休闲农庄的游客络绎不绝，处处充满欢声笑语。通过这种方式，农庄也取得了良好的经济效益：截至 2007 年上半年，农庄总接待游客已达 28.8 万人次，旅游业年收入为 800 多万元，解决就业人数达 200 多人。在今后的发展中，农庄将进一步开发互动参与性项目，为游客提供更多的游乐内容。如采摘水果野菜、撒网捕鱼、自助烧烤、租地种植、水上漂游等，发挥生态农业旅游的特点与长处，真正起到“农旅结合、以农兴旅、以旅促农”的作用。

杨墩休闲农庄高效农业生产区占地面积 1 000 多亩，主要有枇杷 250 亩、大棚葡萄 200 亩、桃梨 100 亩、大棚草莓 50 亩、美国甜玉米 300 亩、日本甜柿等其他水果 100 亩。数年来，农庄紧紧围绕发展高科技旅游农业的方针不动摇，不断地引进新品种，利用新技术，发展新产业。目前已成功引进西班牙 1 号、白沙 1 号等 6 个枇杷品种；章姬法来蒂等 10 个草莓品种；无核 4 号、天峰、巨玫瑰、美人指等 20 余个葡萄品种。菱、白藕、水生芹菜及江苏红菱等水生蔬菜已栽种成功。同时采用高接换种、大棚避雨栽培、喷滴灌等新技术对原有品种进行改良和管理，取得了显著成绩。崔大姐牌无核四号葡萄被评为 2006 年浙江省精品水果金奖，“巨玫瑰”牌葡萄获得浙江省水果优质奖等。

2. 大力发展生态农业

2006 年农庄以沼气工程、有机肥工程的建成使用为契机，完善相关设施，实现了猪—沼—果循环生态农业模式。目前农庄正进行沼液滴灌、沼气利用的设计，在这两个工程使用后，周边生活污水和猪粪等废弃物将得到充分利用，每年可生产有机肥 1000 吨，同时年产沼气 16200 多立方米，相当于 450 瓶液化气；沼液通过喷滴灌管网施入枇杷和葡萄园等，不仅减少污染，保护了生态环境，而且提高了水果的品质和产量。同时，农庄在枇杷园内饲养土鸡，开拓了立体农业的新思路，通过草莓—刀豆—苦瓜等作物的间作套种，有效地利用了土地资源。在生态农业方面，农庄真正起到了“科技兴村、生态建村”的示范作用，获得了省部共建专家领导的好评。

杨墩休闲农庄

德清杨墩农业生态园
■景点位置示意图

八、绍兴山娃子农庄

绍兴县山娃子农庄创建于2004年，位于绍兴县稽东镇裘村，占地250亩，距绍兴市区26千米。农庄建有200亩山地无公害蔬菜示范基地，种有南瓜、茄子、番茄、青瓜、娃娃菜等高山反季节蔬菜，“山娃子”蔬菜基地已被认定为浙江省无公害蔬菜基地。农庄有特种养殖基地30亩，养殖天鹅、孔雀、野鸭、七彩山鸡、鹧鸪等珍禽和土鸡。农庄辟有蔬菜瓜果采摘区、家禽珍禽观赏区、南方植物瓜果观赏区、垂钓区和棋牌室、多功能娱乐厅及餐饮区等不同功能区。目前农庄已累计投资300余万元，被绍兴县旅游局评定为首批乡村休闲旅游基地，从中可以充分体验“游农家园，品农家菜，干农家活，享农家乐”的乐趣。

每逢双休日、节假日，来农庄休闲、观光、娱乐的旅客络绎不绝。山娃子农庄集种、养、加于一体，既有山野特色，又有休闲功能，已经成为观赏田园风光、品味农家乐趣、体验种养生活、陶冶情操的理想场所。

绍兴县委、县政府主要领导多次亲临农庄进行实地考察，予以指导，为农庄经济发展指明了方向，对周边地区起到了很好的示范带动作用。在山娃子农庄带动下，全县掀起了农庄经济建设热潮，农庄经济如雨后春笋，发展势头迅猛。

山娃子农庄开发的高山无公害蔬菜和珍禽、家畜的规模养殖为山区农民增收开辟了新的途径。随着市民生活水平的提高，人们对农产品的质量和安全问题也更为关注，但在城市化进程中，市、县两级原有的蔬菜基地大部分被征用，规模不断缩小，因此，山娃子山地无公害蔬菜基地建设正是适应了这种新形势、新调整，既可以满足市民“菜篮子”供应，也是发展山区经济，带动农户致富的有效途径。山娃子蔬菜基地在市区大云市场、塔山农贸市场设有两个直销点，与市电力局等4家单位订有长期供销合同，全年生产无公害蔬菜 300 吨。在其示范带动下，全镇 2013 年将发展高山无公害蔬菜基地 500 亩，成为市、县重要的“菜篮子”基地。

九、磐安俺老孙花果山

磐安俺老孙花果山坐落在浙江大盘山国家级自然保护区内，是一个集种植、养殖、生态旅游开发为一体的综合性农业园区，主要从事有机农产品的生产。现园区拥有 2 400 余亩山林，大部分已划归重点生态公益林。园内有猕猴桃、蜜梨、杨梅、甜柿、板栗等名优水果 800 余亩，还建有以野生药用植物保护为主的磐安县药用植物园。园区利用生态优势，配套建有千头食草动物饲养场、万羽“山野土鸡”自然放养场，现有资产 1 000 余万元。

以发展原生态的有机农产品作为农业园区的产业核心支撑，以名著《西游记》中所描绘的世外桃源般的花果山作为农业园区的品牌形象定位，从而构筑起农业园区的文化创意内涵特质。

园区以给人们提供健康食品为宗旨，严格按照欧盟有机食品生产法规生产各类有机农产品，年可向市场提供 500 余吨有机鲜果、10 000 余只“山野土鸡”、50 余吨“山野土鸡蛋”，还有天麻、野菊花、山茶油、山野菜等有机山珍。

目前，整个园区已得到了欧盟（IMO）认证，有机果园被浙江省技术监督局、省林业厅确定为省级猕猴桃标准化示范基地。

十、湖州南浔荻港渔庄

荻港渔庄坐落于“鱼米乡、水成网”的南浔区和孚镇荻港村，荻港曾有“上有天堂，下有苏杭，天堂中央，湖州荻港”之说，历史源远流长，旅游资源丰富。渔庄占地面积605亩，自2005年创建以来，一直围绕“保护桑基鱼塘品牌”、传承“百年陈家菜、千年鱼文化”这一主题，不断发展壮大经营规模。截至目前，渔庄已投资1亿多元，拥有员工220多人，客房70多间，大小会议室8个，餐位1 500多个。渔庄内还有200余亩的淡水鱼养殖区，让游客们在具有江南特色的一个个草棚里悠闲地喝茶、垂钓，原汁原味地享受江南乡野情趣。渔庄内还开辟了打年糕、酿米酒、磨豆腐、摘水果等游客参与性农事活动。餐饮主要传承陈家（即陈果夫，系国民党元老）菜肴精华，远近闻名的鱼汤饭是湖州著名的“百鱼宴”的雏形。自 2006 年 5 月营业以来，来自四面八方的游客络绎不绝，已取得良好的经济、生态与社会效益，日接待游客 1 000 多人，多次圆满完成中央、省、市、区重要领导的莅临考察工作的接待。渔庄的建设不仅改善了当地居民生活环境，同时也促进了农民增收。2006 年至今先后被授予“国家 3A 级旅游景区”“国家三星级旅游饭店”“全国休闲农业与乡村旅游五星级示范点”“全国休闲渔业示范基地”“浙江省五星级农家乐”“浙江省十佳农家乐特色点”“浙江省特色文化主题饭店”等荣誉称号，成为湖州市新农村建设的新亮点和服务长三角地区的浙北最具特色的集会务休闲、文化体验、餐饮住宿为一体的会务中心之一。

1. 鱼文化

努力传承荻港千年的“鱼文化”，把养鱼、捕鱼、祭鱼、吃鱼、钓鱼，到写鱼诗、唱鱼歌、玩鱼赛、跳鱼舞、做鱼菜（陈家菜）、渔家乐等打造成荻港特有的“鱼文化”品牌，汇聚成一场具有当地特色、原汁原味的文化盛宴。

2. 水乡民居坐落在淡水鱼养殖区

整个三期的街区以河流贯通，形成原始的养殖区域，再现古代村民以打鱼为生的生存方式及生活场景，同时游客能观摩鱼的习性、动态，生态互补的养殖状态，生动有趣的捕鱼方式。

3. 传统文化展馆区

将“水城溇港之府，丝瓷茶笔之源，桑鱼书画之州”的美誉真实地展现在游客面前，分别建有“笔道艺术馆”“茶禅养心馆”“蚕桑丝绸馆”“渔乡风俗馆”，让游人了解本土文化的极致，见识盛誉下的湖州传统文化，同时供艺术家写生创作。

4. 夜市休闲区

学习云南丽江夜市经验，结合本土特色文化，打造丽江式的渔庄夜市，主要配套特色小酒吧、特色夜宵等。

5. 旅游产品区

将制作鱼干、酿酒、做豆腐、打年糕等特色农产品的制作工艺形成一条观赏性加工线，让游客从视觉上、心理上、文化上接受农产品，提高游客的购买欲，带动消费，增加效益。

6. 健身娱乐区

创建农耕文化游戏体验区、羽毛球场、排球场，供游客怀旧、锻炼、健身。

十一、奉化水蜜桃观光园

奉化水蜜桃观光园由“中国水蜜桃之乡第一村”“宁波市全面小康建设示范村”——溪口镇新建村承建并管理，有奉化水蜜桃面积3 250亩，观光园就位于溪口核心景区内，距千年古镇溪口1.2千米，距宁波栎社国际机场25千米，离宁波市区30千米。交通四通八达、十分便捷，甬金高速公路和江拔线公路穿境而过，有公交车直达奉化水蜜桃观光园。

奉化水蜜桃观光园始建于1997年，总面积1 300亩。该园集水蜜桃生产的高产高效示范、水蜜桃品种展示和旅游观光于一体。园区内分为：生产区、品种展示区、高效栽培示范区和旅游观光区四大部分。园内有引种世界各地特色名优桃品种的“世界桃街”，有展示奉化水蜜桃栽培技术和栽培品种的“奉化水蜜桃展览馆”，有亭、台、楼、阁和垂钓等休闲设施相配套。该园推出的春赏花、夏尝果，采桃尝桃游、垂钓烧烤和桃树认养等活动，具有很强的知识性和参与性，年游客已达2万多人次。项目深受游客的欢迎，成为溪口旅游的一个新的亮点。同时，游客在游园之余还可以品尝农家菜，体验农村生活，领略小康示范村的新风貌。

1. 桃花林

这里桃林茂密，每当春暖花开之时，桃花如火，花树枝头，浓淡相间，有的鲜红如血，有的艳丽如脂，千树万树，织就花的云锦，颇有陶渊明笔下“忽逢桃花林，夹岸数百步，中无杂树，芳草鲜美，落英缤纷”的意境，耐人寻味。

2. 水蜜桃采摘

在美丽的桃花盛开后就是鲜美的水蜜桃上市的日子了，这里的水蜜桃皮薄，多汁，香甜，据说曾经还是皇室贡品。在桃花林中，硕大的桃子在阳光下诱惑着游客去采摘，随手摘下一个，用随身携带的水壶清洗下，一口咬下去，汁水顺着嘴角溢来，夏日中，要多舒爽就多舒爽。

十二、秀山美地休闲农庄

杭州秀山美地休闲农庄坐落于杭州市余杭高新农业示范中心内，位于余杭区崇贤、仁和两镇交界的石塘湾片，东临京杭大运河，西靠杭宁高速公路，离杭州市中心仅25千米，离上海市180千米，交通十分便利。先后荣获国家旅游局命名的“全国农业旅游示范点”，国家农业部颁发的“中华农业大观园”等称号。

秀山美地休闲农庄以“现代综合农业庄园”的面貌呈现在人们眼前，它集休闲观光、科普教育、餐饮住宿、休闲垂钓、素质拓展等多个项目为一体，把教育融合到旅游休闲之中，让观光者在游玩中学到科学知识，在实践中掌握农业技巧。

农庄拥有餐饮住宿、休闲采摘、野外烧烤、素质拓展、土地认养、科普教育等多个娱乐项目，好风景好项目居家旅游好选择。院内独特的设计风格搭配周边的自然风光，令人心旷神怡，让游客在大自然中品味农家菜的趣味！

1. 生态南区

科普长廊：农业科普教育图展；

梦想庄园：体验真实版农场；

采摘乐园：品瓜果蔬菜，赏现代农业；

竹楼茶居：饮茶、棋牌。

2. 生态北区

餐饮区：餐饮长廊品农家菜；

住宿区：独特木屋，感受自然；

休闲区：烧烤、垂钓、野外露营；

运动区：素质拓展、真人 CS。

十三、安吉中南百草原

中南百草原是中国长三角地区最大的生态休闲旅游景区之一，地处著名“竹乡”安吉县境内，距县城仅 3.7 千米，占地 3 850 亩，现已投资 1.8 亿元，园内林深花奇、鹿奔雁翔。现有生态植物观光区、野生动物繁殖区、户外体育运动区、原始淡竹迷宫、高效生态农业示范园区、黄浦江源湿地水上漂流、休闲度假区等 7 大旅游功能区。景色极其秀美，植被覆盖率达 95%，是天然的绿色大氧吧。丰富多彩的珍奇野生动物（如梅花鹿、丹顶鹤、娃娃鱼、鳄鱼、大雁、白天鹅、黑天鹅等）在园区随处可见，有全球仅存的大片原始淡竹林群落，是全国野生动物保护科普教育基地之一和省野生动物驯养基地。因其山丘平原的多变性及多样的生物组合，被浙江省授予首批生态教育示范基地，成为上海市和浙江省多所高校的生态环境教育实践基地，并为联合国环境与可持续发展教育提供活动空间。同时也是全国农业旅游示范点、省级高效生态农业示范园区。承办了国际旅游小姐冠军总决赛、国际山地极限运动等多项高档赛事。

自 2003 年 7 月正式成立“安吉中南百草原生态发展有限公司”以来，中南百草原在短短的四年多时间里，一跃成为“国家 4 A 级景区”“中国县域旅游景区百强”“全国野生动物保护科普教育基地”“全国农业旅游示范点”，从农业生态旅游中脱颖而出，发展非常神速。

1. 度假酒店

位于涌泉湖畔，建筑精美，宽敞新颖；设施齐全、环境幽雅、依山傍水，为游客休闲度假理想场所。身居度假酒店，如临仙境，可东视茶园、西望青山、南观碧水、北眺原野。同时，舒适的客房环境给人归家的感觉，优雅干净的就餐环境，各类功能会议室，不定期举行大型的丰富多彩的活动让人乐融其中，流连忘返。

2. 植物世界

景区内有植物1 260多种，属于国家保护的珍稀植物有30多种，其中有几棵银杏、香樟的树龄已达200多年。植物覆盖达95%，由八大景点十八园组成：碧水晨曦、虎啸飞泉、虹彩夕照、丹枫流霞、松林晚樵、狮熊追月、淡竹迷宫、百草映雪、白茶园、桂花园、观赏竹园、紫竹园、红枫园、梅园、樱花园、湿地松林、杉木林、香樟园、天然阔叶林、采摘果园、淡竹林。

3. 动物王国

动物世界环境优美，草木繁盛，有各类珍稀野生动物共计67种，其中国家一、二级保护动物34种。这里自然放养和圈养的珍稀野生动物有黄麂、猴、鸵鸟、豪猪、孔雀、天鹅、大雁、鸳鸯、丹顶鹤、珍珠鸡等达上百个种类，共计数千只。此外动物世界还设有“浙江省野生动物驯养繁殖基地”和“野生动物保护科普教育基地”，经常举办多种动物保护科普活动和生态保护宣传活动。这里不仅是动物愉快生活的天堂，也是游客休闲、娱乐、与大自然亲密接触的好地方。

4. 欢乐世界

欢乐世界是浙北地区唯一的一个大型游乐场，占地面积50余亩，总投资4 000万元，欢乐世界是一座融参与性、观赏性、娱乐性、趣味性于一体的中国现代主题乐园。共有11个参与性的项目。有适合孩子游玩的自控飞机，儿童爬山车，豪华双层转马，无电网碰碰车，自旋滑车等；有适合成人游玩的大摆锤，激流勇进，欢乐风火轮，跳跃云霄等；还有老少皆宜免费游乐的运行高度达40米的欢乐摩天轮。

十四、奉化市滕头村

滕头村位于奉化市城北。全村现有 297 户，790 人，741 亩耕地，191 亩果园，156 亩山林，66 亩水面。20 世纪 60 年代以前，滕头村是一个远近闻名的穷村，“田不平，路不平，亩产只有二百零，有囡不嫁滕头村”，便是当时真实的写照。经过 40 多年的建设，已发展成为“国家首批 4A 级旅游区”，荣获“全球生态 500 佳”（1993 年）“全国首批农业旅游示范点”“全国生态示范区”“全国环境教育基地”“全国青少年教育基地”“全国我能行体验基地”“全国模范村委会”“全国先进基层党组织”“全国首批文明村”等荣誉称号。

1. 优良的生态环境

“田成方，楼成行，绿树成荫花果香，清清渠水绕村庄。”在滕头村的国家级生态示范园里，滕头人把高雅的园林艺术与生态旅游，农业观光旅游有机地融为一体。将军林、柑橘观赏林、绿色长廊、乡村文化广场、盆景园等 30 多处景观，使宾客在观赏中领略到江南风韵的田园乐趣，感受到返璞归真、崇尚自然的生态特色。

有强烈环保意识的滕头人，自 1993 年起，成立了国内最早的村级环境资源保护委员会，对引进有污染的项目拥有一票否决权。至今已否决了 50 余项经济效益可观但污染环境的项目。

2. 和谐的经济环境

滕头农业走过了改土造田、土地规模化经营和生态、高效的现代化农业的三大步后，滕头的高科技、立体农业现已成为浙东大地的一道靓丽风景线。

以旅游、园林绿化、房地产为核心的第三产业群体，已成为滕头经济和谐发展的新的增长点。

一鸟带动百鸟飞，滕头经济的发展起到了明显的带动作用，周边不少村庄成了滕头绿色园林基地。滕头村的企业创造了近万个工作岗位，吸引周边村庄大量的富余劳力来滕头企业工作，并为中西部贫困地区群众创造了近 7 000 个工作岗位，带动了全国各地农民走出贫困线。

十五、杭州梅家坞茶文化村

梅家坞茶文化村，地处杭州西湖风景名胜区西部腹地，东与美丽的西子湖咫尺相望，北经梅灵隧道便可到著名的佛教名刹灵隐寺、南靠杭州西湖新十景云西竹径，沿梅灵路两侧纵深长达十余里，有“十里梅坞”之称。现有农居 500 余户，常住农业人口 1 262 人，居民 502 人。这个有着 600 多年历史的古村，也是杭州城郊最富茶乡特点的农家自然村落和茶文化休闲观光旅游区，每年吸引上百万的国内外游客前来观光旅游。整个村落青山环抱、幽谷滴翠，白墙黛瓦，小桥流水，绿茶飘香，是“西湖龙井茶”主要产地之一。

梅家坞茶文化村从传统的种茶、采茶、炒茶、卖茶的茶叶小山村，通过深入挖掘茶文化内涵，整合茶产业功能，拉长茶产业链条，提升茶产业价值链，全面植入文化创意元素，目前已转型升级为颇具知名度、影响力和聚集效应的现代茶文化休闲园区。

梅家坞茶文化村已是一个融青山绵绵、溪涧潺潺、茶园蓬勃为一体，散发着朴实民风和浓郁茶乡风情的以茶文化为主题的茶乡休闲园区，重现了“十里梅坞蕴茶香”的自然秀丽风貌。梅家坞茶文化村现有160余家乡间茶坊，为前来观光的宾客讲解梅家坞茶历史、茶的采摘、炒制和茶的功能等内容，并进行茶艺表演。每年春季游客还可亲自参与春茶采摘，亲身感受浓浓的茶文化气息，尽享茶文化生态自然之美、农家风情之乐。作为杭州中国茶都的重要载体，梅家坞茶文化村已成为杭州对外的一块“金字招牌”。

梅家坞茶文化村以周总理纪念室、乾隆遗迹、古树观赏点、茶园观赏区、农居群、十里银锴、古井、古桥、垂钓区、茶艺表演区、小牙坞等十余处景点构建了一个山水情和人世情完美结合的茶文化休闲旅游区。

十六、余杭农夫乐园

余杭农夫乐园位于余杭区良渚镇，地理位置非常优越，处于大杭州城市发展空间布局“六大组团”之一的“良渚组团”的核心区，人流、物流、信息流通畅，区位优势显著。农夫乐园是杭州东田生态农业开发有限公司投资兴建的浙江首家农业主题园区，于2008年9月26日开业，总面积为500亩，一期开发260余亩，总投资1.5亿元。

有别于其他的农家乐、农业园区以休闲观光为特色，而农夫乐园则坚持自身的文化特色和内涵发掘，引进动漫卡通和嘉年华庆典等元素，以农业狂欢、运动、游乐为特点，打造出集农业观光、科普教育、娱乐休闲为一体的“绿色、生态乐园”，以提供游人可游、可憩、可赏、可摘、可吃、可钓、可购的景观空间为理念，以体验式、参与式为重点，使之成为集文化创意、组织创新、体制创新、技术组装集成和应用创新于一体的试验示范工程和博览中华农业文化、展示良渚稻作文化、重现运河农运文化、解读江南水乡文化的农耕文化主题公园。

农夫乐园是一个以创意旅游的思维方式打造的农耕文化主题公园。景区的规划建设，在保持农业观光休闲园区基本功能的基础上，强调农耕文化生活体验、农耕文化演艺再现、游客参与互动。这里有中国首个原创的卡通蔬菜瓜果、十二生肖歌舞表演秀；诙谐幽默的卡通情景剧；有极富想象力和视觉冲击力，让人乐不思归的梦幻农庄；有能参与互动的大型农事活动互动秀。在这里，游人可以亲自尝试刀耕火种的艰辛，操纵独木舟，乘坐牛车，悠然行走在瓜果长廊之间；可以跟园区的演员一起，亲身体验良渚先民的“征战”；可以为自己或者亲友亲手制作纪念品，学习传统美食的制作工艺；可以“全副武装”，参与拓展基地的“巷战”；可以用附送的免费游乐券，参加丰富多彩的游乐活动；可以在市井中看到精彩的杂技表演，有时候小动物就是演员和皮肤黝黑的“土著居民”；可以用一片树叶，吹奏情歌；还可以租下一小块土地，做一个“城市农夫”，品尝自己种植的蔬果，体会劳动和丰收的喜悦。

十七、“水稻”“油菜”创艺观光农业

“水稻”“油菜”创艺观光农业就是利用水稻不同叶色品种，油菜不同花色品种结合当地自然景观和历史文化，进行各种图案设计，集宣传与观光于一体。“水稻”“油菜”创艺观光农业的特点是坚持以农业为基础，利用农业资源，兴办休闲观光旅游事业。“水稻”“油菜”创艺观光农业可以设计各种图案，建成各具特色、内容多样、轻松愉快的农业旅游模式，既卖风景又卖产品，然后逐步过渡到旅、农、工、贸综合发展。它具有以下特点：

（1）农业特性。利用不同叶色“水稻”和不同花色“油菜”进行创艺观光旅游农业图案设计和制作，在农业生产的基础上开发其旅游功能，吸引游客欣赏优美的田园风光。在开发旅游功能的过程中，农业生产仍是旅游农业的主要方面，又不破坏基本农田保护区。

（2）生态特性。“水稻”“油菜”创艺观光农业旅游的发展目标之一是调整人和自然，经济发展与生态环境之间的矛盾。“水稻”“油菜”创艺观光旅游农业的兴旺也要得益于宁静优美的生态环境、天然的自然景观、纯朴的乡村生活方式以及当地人文环境等。因此，在开发建设旅游农业过程中，尽可能不破坏原来的自然生态环境，减少人工作用，促进农业生态系统良性循环。

（3）娱乐特性。“水稻”“油菜”创艺观光农业旅游除了具有优美的田园风光和生态环境外，还可布置农耕文化，具有一定程度的娱乐性。如设小型碾米作坊，制油作坊，让游客不仅可以参观，还可参与制作的全过程，可以在作坊里品尝新鲜制作的年糕、发糕等米品，并可以将自己制作好的产品带走，向亲朋好友展示，其乐趣当然与在商场购买到的不一样。

创意案例：

1. 衢州江山“彩色稻田艺术——田园风光”

这幅彩色稻艺图案面积有 50 多亩，从 6 月上旬开始插秧构图，创作出的图案壮观宏伟、视觉冲击力极强，是华东地区规模最大、创意最好、图案最美的稻田艺术景观，观赏期可以持续到 9 月底。

据了解，衢州市农业局从 2011 年探索创作彩色稻艺，这一创意在 2012 年 5 月被评为全国休闲农业创意精品大赛华东区金奖，并于 2012 年 10 月参加全国总决赛。市委高度重视休闲创意农业，把稻田艺术作为农旅结合的重点项目来抓，市农业局加大了创作力度，分别在江郎山下、凤林镇省级粮食生产功能区、峡口镇省级现代农业综合区创建点等地创作了 3 个不同规模和内容的彩色稻画，不仅展示了江山农技人员的农艺水平，还拓展了农业休闲观光功能，促进了农业和旅游、文化等产业的融合发展。

2. 台州仙居油菜花节

2013年3月15日，仙居油菜花节活动举办地设在仙居的双庙乡，围绕着“幸福仙居，美好花海”的主题开展一系列“幸福”活动。设有“饱眼福”“享口福”“寻福记”“合家福”“寄幸福”和“遇艳福”六大区域板块，并对应丰富多彩的农家活动，有“遇艳福”的花海篝火晚会，有“享口服”的农家特色美食品尝，有“饱眼福”描绘花田美景的幸福画笔，有“晒出你的幸福 style”的幸福照片墙等好玩有趣的活动，等游人来体验。

3. 宁波余姚市的“水稻”“油菜”创艺观光农业

余姚市政府为丰富休闲观光农业内涵，延长农业产业链，促进农业增效、农民增收，2011年将水稻、油菜休闲观光创艺农业列入市财政项目，市农业局结合当地人文景观在梁弄镇制作“红色旅游”图案，在河姆渡制作稻作文化艺术，并取得较好的农田艺术文化效果。

梁弄
1981-2012

4. 杭州富阳桐桥的创意农业

十八、浙江省推出20条休闲观光农业旅游线路

2009年浙江省农业厅、浙江省旅游局、浙江省旅行社协会、浙江省休闲观光农业行业协会联合发布了巨网捕鱼采蜜游、江南大地休闲游等12条浙江省休闲观光农业精品线路，以及8条省休闲观光农业优秀线路。这20条休闲观光农业线路均可自驾游或随旅行社前往游览。

其中，浙江省休闲观光农业12条精品线路分列如下。

1. 巨网捕鱼采蜜游

线路：建德下涯镇康庆渔家灯火休闲农庄——三都镇渔业村渔家乐——淳安县千岛湖有机鱼休闲观光园区——千岛湖乡村港湾休闲农庄——桐庐县富春江镇芦茨村——蜂之语蜜蜂王国——巴比松度假庄园。

最佳观光季节：全年。

农事节庆活动：新安江中国草莓节、千岛银珍开茶节、建德三都柑橘节、建德十里荷花艺术节、桐庐蜜梨节。

农副土特产：千岛银针茶、千岛湖有机鱼、蜂产品、草莓等。

观光内容：

（1）千岛湖有机鱼休闲观光园区。游赏千岛湖青山秀水；参观千岛湖有机鱼养殖、加工基地；品尝鲜美有机鱼；巨网捕鱼观光项目，可目睹“群鱼狂舞”“鱼跃人欢”的壮观、热闹场面。

（2）桐庐县富春江镇芦茨村农家乐。欣赏富春江沿岸和白云源景区优美风光；参与性项目有捉溪鱼、挖竹笋。

（3）蜂之语蜜蜂王国。游览蜂文化特色生态科技园——蜂之语蜜蜂王国，包括蜜蜂花卉生态园、生态养蜂生产线、蜂文化博物馆等；自己动手操作摇蜂蜜、取皇浆、刮蜂蜡等。

周边景点：千岛湖景区、大奇山、瑶林仙境、严子陵钓台。

浙江省休闲观光农业精品线路

巨网捕鱼 | 采蜜游

■ 线路：建德下涯镇康庆渔家灯火休闲农庄—三都镇渔业村渔家乐—淳安县千岛湖有机鱼休闲观光园区—千岛湖乡村港湾休闲农庄—桐庐县富春江镇芦茨村—蜂之语蜜蜂王国—巴比松度假庄园。

■ 农事节庆活动：新安江中国草莓节、千岛银珍开茶节。

■ 农副土特产：千岛银针茶、千岛湖有机鱼、蜂产品等。

巨网捕鱼

■ 观光内容：

□ 千岛湖有机鱼休闲观光园区

游赏千岛湖青山秀水；参观千岛湖有机鱼养殖、加工基地；品尝鲜美有机鱼；巨网捕鱼观光项目，可目睹“群鱼狂舞”、“鱼跃人欢”的壮观、热闹场面。

JUWANGBUYU CAIMI YOU

芦茨—农家菜

□ 桐庐县富春江镇芦茨村农家乐

欣赏富春江沿岸和白云源景区优美风光；参与性项目有捉溪鱼、采竹笋。

蜂之语

□ 蜂之语蜜蜂王国

游览蜂文化特色生态科技园——蜂之语蜜蜂王国，包括蜜蜂花卉生态园、生态养蜂生产线、蜂文化博物馆等；自己动手操作摇蜂蜜、取皇浆、刮蜂蜡等。

千岛湖乡村港湾

■ 周边景点：千岛湖景区、大奇山、瑶林仙境、严子陵钓台。

2. 江南大地休闲游

线路：萧山浙江省农业高科技示范园区（传化大地）——浙江（中国）花木城——杭州湘野生态休闲农庄——滨江区晶星都市村—杭州白马湖渔村。

最佳观光季节：全年。

农事节庆活动：萧山花木节暨沪浙园林绿化产业交易会、萧山杜家杨梅节、杭州萧山茶艺节、戴村云石“三清茶”文化节。

农副土特产：萧山萝卜干、杜家杨梅、蜜梨等。

观光内容：

（1）浙江省农业高科技示范园区（传化大地）。参观高科技农业示范样板，包括智能化的玻璃温室、育苗温室、植物克隆中心、栽培温室；体验传统农耕文化，参加娱乐、野外烧烤等相应的娱乐活动，品尝农家特色菜肴。

（2）浙江（中国）花木城。全国农业旅游示范点，参观花卉交易、园林景观、古树名木；选购花卉、盆景等旅游纪念品。

（3）杭州湘野生态休闲农庄。垂钓鳖、龟、鱼、虾、蟹等；参观鳄鱼池和龟鳖文化大观园；观赏珍奇动植物，享受特色餐饮。

（4）杭州晶星都市村休闲中心。鱼塘休闲垂钓、参观精品水果基地、采摘果品，欣赏都市精品农业，品尝绿色农产品。

周边景点：世界休闲博览园、杭州东方文化园、杭州湘湖风景区。

3. 杭州湾果园采摘游

线路A：余姚丈亭镇或三七市镇杨梅林——慈溪大桥生态农庄——杭州湾跨海大桥——海盐南北湖——袁家湾农业科技观光园——平湖澳多奇农庄。

线路B：余姚临山镇“味香园”葡萄园或小曹娥镇“瑞晶梨园”——慈溪大桥生态农庄——杭州湾跨海大桥——海盐南北湖——袁家湾农业科技观光园——平湖澳多奇农庄。

最佳观光季节：竹海挖笋、樱桃采摘（4—6月）；杨梅（6月）；蜜梨（8月）；葡萄（8月）。

农事节庆活动：中国余姚杨梅节、余姚临山葡萄节、余姚小曹娥蜜梨文化节。

农副土特产：余姚杨梅、慈溪杨梅、余姚榨菜、青莲腊八件等。

观光内容：

（1）余姚杨梅林。余姚有“中国杨梅之乡”美誉，每年6月杨梅成熟时，“杨梅之乡欢乐游”活动期间吸引各地游客云集余姚，体验杨梅之乡独特的风土人情。

（2）瑞晶梨园。余姚有“中国早熟蜜梨之乡”美誉，小曹娥镇的“瑞晶梨园”总面积近2 000亩，春季赏梨花，体验“千树万树梨花开”美景，夏秋之季采蜜梨、葡萄，采摘期从7月延续到9月。

（3）味香园葡萄园。余姚临山有“葡萄之乡”“江南葡萄沟”之美誉。味香园葡萄园建有km葡萄绿色长廊，余姚临山江南葡萄节历时近一个月，有吃葡萄趣味比赛、葡萄仙子评选、“相约葡萄沟”文艺晚会等活动。

（4）宁波大桥生态农庄。农庄总面积2 000亩，是集休闲、观光、绿色餐饮和有机农产品基地为一体的综合农业旅游胜地，生态性、观光性、趣味性突出。

周边景点：河姆渡遗址、秦山核电厂、嘉兴南湖。

浙江省休闲观光农业精品线路

ZHEJIANGSHEN

杭州湾果园 | 采摘游

■ 线路A：

余姚丈亭镇或三七市镇杨梅林—慈溪大桥生态农庄—杭州湾跨海大桥—海盐南北湖—袁家湾农业科技观光园—平湖澳多奇农庄。

■ 线路B：

余姚临山镇"味香园"葡萄园或小曹娥镇"瑞晶梨园"—慈溪大桥生态农庄—杭州湾跨海大桥—海盐南北湖—袁家湾农业科技观光园—平湖澳多奇农庄。

■ 农事节庆活动：中国余姚杨梅节、余姚临山葡萄节、余姚小曹娥蜜梨文化节。

■ 农副土特产：余姚杨梅、余姚榨菜、青莲腊八件等。

杨梅采摘

■ 观光内容：

□ 余姚杨梅林

余姚有"中国杨梅之乡"美誉，每年6月杨梅成熟时，"杨梅之乡欢乐游"活动期间吸引各地游客云集余姚，体验杨梅之乡独特的风土人情。

HANGZHOUWANGUOYUAN CAIZHAI YOU

葡萄园

□ 味香园葡萄园

余姚临山有"葡萄之乡"、"江南葡萄沟"之美誉。味香园葡萄园建有千米葡萄绿色长廊，余姚临山江南葡萄节历时近一个月，有吃葡萄趣味比赛、葡萄仙子评选、"相约葡萄沟"文艺晚会等活动。

□ 瑞晶梨园

余姚有"中国早熟蜜梨之乡"美誉，小曹娥镇的"瑞晶梨园"总面积近2000亩，春季赏梨花，体验"千树万树梨花开"美景，夏秋之季采蜜梨、葡萄，采摘期从7月延续到9月。

梨园　蜜梨采摘

□ 宁波大桥生态农庄

农庄总面积2000亩，是集休闲、观光、绿色餐饮和有机农产品基地为一体的综合农业旅游胜地，生态性、观光性、趣味性突出。

生态农庄

■ 周边景点：河姆渡遗址、秦山核电厂、嘉兴南湖。

4. 桑果采摘渔家游

线路：鄞州湾底村——西江古村——奉化滕头村——宁海东海云顶——三麓潭—象山石浦东门渔村。

最佳观光季节：5 月（桑果采摘）、4 月（桃花观赏）、7 月（水蜜桃采摘）。

农事节庆活动：天宫庄园果桑节、中国奉化桃花节、中国奉化水蜜桃节、象山开渔节祭海仪式。

农副土特产：鄞州桑果、奉化水蜜桃、望海茶、石浦海鲜等。

观光内容：

（1）湾底天宫庄园。宁波天宫庄园休闲旅游区拥有全国最大的果桑基地。温室大棚占地面积 1.2 万平方米，是目前浙江省内单体面积最大的智能温室，内分热带水果区、亚热带植物区、热带雨林区、沙生植物区、现代农业区等 7 个区域。

（2）奉化滕头村。奉化萧王庙街道滕头村田园秀美，生态怡人，是全球生态 500 佳和国家首批 4A 级旅游区，一年四季都安排休闲观光农业节目，设有小猪赛跑、绣楼招亲、斗牛等乡村游乐活动。

（3）东海云顶。东海云顶旅游休闲度假区的桃花溪森林公园有“世外桃源”、“人间仙境”之称。云顶度假区位于山顶盆地，旁有茶山水库，四周为千亩高山茶园。在山顶，可观东海日出，一山瞰两湾，一览众山小。

（4）东门渔村。有“浙江渔业第一村”之称，渔文化气息浓郁，有外海钢质渔船 238 艘，大小冷库 20 多座。住渔家、吃海鲜、游海岛、观海景、吹海风、听海涛、赡海神、购渔货。

周边景点：东钱湖、溪口景区、象山影视城。

5. 廊桥—畲乡农情文化游

线路：泰顺—泗溪镇廊桥文化园——仕阳镇荣西村——万排乡有机茶示范园区——承天氡泉——碑排乡猕猴桃园区——司前镇白鹤渡生态观光园——景宁惠明寺——封金山——云中大漈——草鱼塘森林公园。

最佳观光季节：采茶、挖笋（4 月）；水果（9 月）。

农事节庆活动：正月十五百家宴、三月三畲族风情节。

农副土特产：三杯香茶、金奖惠明茶等。

观光内容：

（1）泗溪镇桥文化园。观如“长虹饮涧、新月出云”的“世界上最美丽廊桥”——“姐妹桥”，了解古廊桥文化。吃百家宴、看木偶戏、游古民居。

（2）仕阳镇荣西村。荣西村一年四季有花开、一年四季有景色、一年四季有山珍、一年四季有游乐。可观赏梯田花海、品尝农家菜肴；胡氏大院里寻古、仕水碇步上晃悠；看牛斗、访猪王。

（3）万排乡有机茶示范园区。面积 4 000 多亩，是温州市唯一的有机茶示范园区，参与种茶、采茶、制茶、品茶体验。

（4）白鹤渡生态观光园。挖笋、摘野菜、野炊；水上漂流、湖中打鱼；体验除草、松土、施肥、灌溉等农事活动；参观畲乡“三月三”风情节。

（5）惠明寺。拜千年茶王、访孤本白茶、游大雄宝殿、观云雾茶海、采惠明茶青、听惠明茶歌、饮神奇南泉、赏惠明茶道。1915 年所产惠明茶荣获巴拿马万国博览会一等奖证书及金质奖章。

周边景点：云中大漈、乌岩岭自然保护区、飞云湖名胜区。

6. 竹乡生态品茗游

线路：天荒坪镇港口村中国大竹海景区——竹博园景区——中南百草园景区——大唐贡茶院——十里古银杏长廊—城山沟桃源山庄。

最佳观光季节：全年。

农事节庆活动：白茶节、杨梅节、采桃节、梅花节。

农副土特产：白茶、紫笋茶、银杏、吊瓜子等。

观光内容：

（1）中国大竹海景区。极限滑草、体验影视、灵台朝圣、竹海飞人、与鹰齐飞、竹林纵马、仙湖伐舟、展销游购、四季挖笋、醉卧农家、新农家生活体验等。

（2）竹博园景区。观赏各种珍稀品种的竹子、鸟艺表演、少数民族风情表演。

（3）中南百草园景区。可参加森林骑马、苕溪漂流、浑水摸鱼、高空溜索、钓鱼、射箭、古罗马竞技场、飞车表演、烈马博杀、少数民族舞蹈表演等游乐活动。

（4）长兴大唐贡茶院。中国历史上第一座专门为朝廷加工茶叶的“皇家茶厂”，昭示着禅茶一味的理想境界。分东西两廊，西廊由名人典故、摩崖石刻、二十八刺史三大部分组成；东廊有贡茶制作、品茗三绝、贡茶知识、宫廷茶艺表演等内容。

（5）十里古银杏长廊。观赏“原、野、奇”为特色的古银杏公园，领略古树的风姿，还可以到银杏林深处——“古银杏天泉”内品茗、垂钓、探幽。

周边景点：“金钉子”远古世界景区、中国扬子鳄村。

7. 华庄古镇休闲游

线路：桐乡华庄生态农业园——乌镇景区——石门桂花村——大通名特优农产品展示展销中心——碧云花园—西塘古镇。

最佳观光季节：12 月至翌年 4 月（草莓）、6 月（桃梨）、8 月（葡萄）。

农事节庆活动：4 月中国杜鹃花展览。

农副土特产：杭白菊、榨菜、碧云观赏凤梨等。

观光内容：

（1）华庄生态农业园。果园采摘、垂钓、儿童乐园、设施农业、人工湿地、农作物迷宫、田园风光区、活水公园、生态养殖、野营烧烤、老式农耕等游乐项目。

（2）石门桂花村。观赏村内树龄不一的上万株金桂、银桂，了解桂花加工工艺。

（3）大通名特优农产品展示展销中心。了解杭白菊的栽培历史、栽培方法、品种特性和菊文化，选购杭白菊及特色农产品。

（4）碧云花园。水乡风情的泛舟唱晚、生态草地、碧湖流芳、兰香凝云、葡萄采摘园、盆景园、杜鹃园、碧云楼等景观。

周边景点：西塘古镇、丰子恺纪念馆。

8. 越乡品茗赏戏游

线路：嵊州市剡溪渔业园——新昌来益生态农业园区——新昌县七盘仙谷农业观光休闲园——中国名茶城。

最佳观光季节：3—5 月（春茶上市），1—6 月和 8—10 月（芦笋）。

农事节庆活动：中国（新昌）大佛龙井茶购茶节（4 月份）。

农副土特产：大佛龙井、小京生花生、嵊州榨面等。

观光内容：

（1）嵊州市剡溪渔业园。嵊州是我国的越剧发源地，聆听原汁原味的嵊州越剧。参与性项目有投饲孔雀、捕捉垂钓，观赏项目有斗鸡、斗狗、斗牛等表演。

（2）新昌来益生态农业园区。园区是全国第一家通过欧盟 GlobalGAP 互认的水果生产基地，内有俄罗斯鲟、西伯利亚鲟、史氏鲟等珍贵鲟鱼，游客既可享受到捕鲟乐趣，也可体验果农的采摘生活。

（3）新昌县七盘仙谷农业观光休闲园。田园景色秀美，时令瓜果诱人。打年糕、自助烧烤、篝火晚会等休闲娱乐项目，让人流连忘返。

（4）中国名茶城。浙东最大的茶叶交易市场，新昌大佛龙井、云南普洱、安溪铁观音、台湾冻顶乌龙、江苏碧螺春、四川竹叶青、安徽祁门红茶及印度“大吉岭红茶”等名茶供游客选购。

周边景点：越剧博物馆、新昌大佛寺、穿岩十九峰。

浙江省
ZHEJIANGSHEN
休闲观光农业精品线路

越乡品茗 | 赏戏游

■ 线路：
嵊州市剡溪渔业园—新昌来益生态农业园区—新昌县七盘仙谷农业观光休闲园—中国名茶城。

■ 农事节庆活动：中国（新昌）大佛龙井茶购茶节（4月份）。

■ 农副土特产：大佛龙井、小京生花生、嵊州榨面等。

益生生态农业园

新昌县七盘仙谷农业观光休闲园
田园景色秀美，时令瓜果诱人。打年糕、自助烧烤、篝火晚会等休闲娱乐项目，让人流连忘返。

剡溪渔园山庄

中国名茶城

■ 观光内容：

嵊州市剡溪渔业园
嵊州是我国的越剧发源地，聆听原汁原味的嵊州越剧。参与性项目有投饲孔雀、捕捉垂钓，观赏项目有斗鸡、斗狗、斗牛等表演。

新昌来益生态农业园区
园区是全国第一家通过欧盟GlobalGAP互认的水果生产基地，内有俄罗斯鲟、西伯利亚鲟、史氏鲟等珍贵鲟鱼，游客既可享受到捕鲟乐趣，也可体验果农的采摘生活。

中国名茶城
浙东最大的茶叶交易市场，新昌大佛龙井、云南普洱、安溪铁观音、台湾冻顶乌龙、江苏碧螺春、四川竹叶青、安徽祁门红茶及印度“大吉岭红茶”等名茶供游客选购。

新昌县七盘仙谷

茶道茶艺表演

■ 周边景点：越剧博物馆、新昌大佛寺、穿岩十九峰。

YUEXIANGPINGMING
SHANGXIYOU

9. 花卉温泉风情游

线路：金华万象花卉田园休闲俱乐部——武义郭洞古村落——武义温泉度假区——东阳花园村——横店影视城。

最佳观光季节：8—10 月（观茶花、赏桂花）。

农事节庆活动：金华斗牛节、金华茶花文化节。

农副土特产：金华火腿、酥饼、佛手、宣莲、东阳木雕等。

观光内容：

（1）万象花卉田园休闲俱乐部。万象花卉园区内有高标准、现代化的温室，培育有 300 多种室内花卉。温室主干道上，设有长 200 多米的花卉长廊、农史及花卉知识展示廊，

融知识性、趣味性、观赏性、科普性于一体，有垂钓、拔菜、种花、喝茶等活动

（2）武义郭洞。景区内融山水、古树林、古桥亭、古寺院、古城墙等景观于一体，层峦叠嶂，竹木苍翠，静雅宜人。

（3）武义温泉。武义温泉由溪里温泉区、鱼形角温泉区和北岭塔山风景区组成，是国家旅游局首批全国优先发展的43个旅游开发区项目之一。

（4）东阳花园村。拥有“小西湖”之称的吉祥湖、花园农业生态园区、五行八卦组图的荷花及梅花物种园、村官林、百村图。参观现代农业设施，学习有土、无土栽培及水培等现代农业技术，采摘品尝小黄瓜、葡萄等瓜果，尤其值得一看的是挂果2万多个的“番茄树”。

周边景点：金华双龙洞、武义俞源古村落。

10. 钱江源生态橘海游

线路：钱江源国家森林公园（枫楼坑景区——莲花塘景区——大峡谷景区）——何田清水鱼生态示范园——开化龙顶名茶市场、中国·根艺美术博览园——烂柯山——周迅家乡橘海休闲游基地——七里、张西农家乐——天羡山庄休闲观光园区、乾隆皇帝偷橘罚戏地。

最佳观光季节：3—5月、9—10月。

农事节庆活动：3月下旬开茶节。

农副土特产：开化龙顶茶、清水鱼系列产品、小辣椒等。

观光内容：

（1）钱江源国家森林公园。由莲花塘、大峡谷、水湖枫楼、卓马坑、莲花溪等景区组成。域内有km高峰25座，森林覆盖率达98%，集探源、生态旅游、休闲戏溪、观瀑、农耕于一体。

（2）何田清水鱼观光园。以何田乡村庭院式清水鱼养殖为基础，开发形成以渔业观赏、休闲垂钓、餐饮娱乐为一体

的生态农业休闲度假区。

（3）开化龙顶名茶市场。浙西地区目前规模最大的茶叶交易市场，有100多户茶叶经销商在此批发销售开化龙顶名茶和农副产品，游客可现场观摩、品茗购买。

（4）周迅家乡橘海休闲游基地。石梁镇坎底村风光优美，是浙江省著名的优质椪柑生产基地。它集观橘采橘品橘，休闲度假会议于一体，绕村清泉、橘海馨香等十大景点让人流连忘返。

（5）七里、张西农家乐。杨坞生态景区、游黄土岭山水、观瀑、赏千亩香榧林、四季挖笋、磨豆腐，看农家乐文艺演出、斗鸡表演、小猪赛跑、打年糕等。

周边景点：古田山国家级自然保护区、衢州府城遗址、药王山等。

11. 仙居临海踏青赏花游和海岛渔家休闲游

线路：仙居白塔镇神仙居油菜花基地——皤滩古镇——湫山休闲观光农业园——李老汉吴桥休闲农庄——仙居绿色农产品专卖市场——临海羊岩山休闲观光园——临海小芝鸵鸟养殖观光园。

最佳观光季节：3—4月（油菜花）、6—7月（杨梅）。

农事节庆活动：仙居油菜花节。

农副土特产：杨梅酒、仙居土鸡、临海羊岩茶等。

观光内容：

（1）白塔镇神仙居油菜花基地。拥有万亩油菜花观赏基地，成片成片的油菜花形成一片花海，与景区那远离喧嚣的奇山秀水交相辉映，让人仿若置身仙境。

（2）皤滩古镇。品尝仙居八大碗（八大碗分别是采荷莲子、湘子海参、钟离翻碗肉、国舅泡鲞、洞宾大鱼、铁拐敲肉、仙姑肉皮泡、国老豆腐），感受古时仙居人民最高的待客礼节。

（3）湫山休闲观光农业园。位于仙居县湫山乡湫山村，是一家集农业科技示范、高效农业生产、生态休闲观光等多功能于一身的生态型、观赏型、产业示范园区。园区有挖芦笋、抓土鸡等休闲娱乐项目。

（4）临海市羊岩山休闲观光园。羊岩山休闲观光园是以茶产业为中心、茶文化为平台，集动、品、游、住、购于一体的农业休闲观光园区，设有田园观光区、茶叶加工区、游客互动区、茶叶品尝区、景点游览区等多个功能区块。

周边景点：仙居神仙居景区、临海江南长城。

浙江省休闲观光农业精品线路 ZHEJIANGSHEN

XIANJU LINGHAI TAQING SHANGHUA YOU

仙居临海踏青 | 赏花游

■ 线路：
仙居白塔镇神仙居油菜花基地—皤滩古镇—淑山休闲观光农业园—李老汉吴桥休闲农庄—仙居绿色农产品专卖市场—临海羊岩山休闲观光园—临海小芝鸵鸟养殖观光园。

■ 农事节庆活动：仙居油菜花节。

■ 农副土特产：杨梅酒、仙居土鸡、临海羊岩茶等。

羊岩山休闲观光园

□ 临海市羊岩山休闲观光园
羊岩山休闲观光园是以茶产业为中心、茶文化为平台，集动、品、游、住、购于一体的农业休闲观光园区，设有田园观光区、茶叶加工区、游客互动区、茶叶品尝区、景点游览区等多个功能区块。

仙居油菜花基地

■ 观光内容：

□ 白塔镇神仙居油菜花基地
拥有万亩油菜花观赏基地，成片成片的油菜花形成一片花海，与景区那远离喧嚣的奇山秀水交相辉映，让人仿若置身仙境。

□ 皤滩古镇
品尝仙居八大碗（八大碗分别是采荷莲子、湘子海参、钟离翻碗肉、国舅泡鲞、洞宾大鱼、铁拐敲肉、仙姑肉皮泡、国老豆腐），感受古时仙居人民最高的待客礼节。

□ 淑山休闲观光农业园
位于仙居县淑山乡淑山村，是一家集农业科技示范、高效农业生产、生态休闲观光等多功能于一身的生态型、观赏型、产业示范园区。园区有挖芦笋、抓土鸡等休闲娱乐项目。

淑山休闲观光园区　李老汉吴桥休闲农庄　绿色农产品专卖市场

■ 周边景点：仙居神仙居景区、临海江南长城

浙江省休闲观光农业精品线路 ZHEJIANGSHEN

海岛渔家 | 休闲游

■ 线路：
定海伊甸园休闲农庄—青青世界生态观光园区—钓珑湾休闲农庄—岱山—中国盐业博物馆、中国台风博物馆—天净沙牧獐乐园—普陀—展茅里羊岩生态观光园区—朱家尖景区—沈家门夜排档。

■ 农事节庆活动：中国普陀佛茶文化节、定海中国晚稻杨梅节等。

■ 农副土特产：普陀佛茶、晚稻杨梅、"明珠牌"海鲜等。

中国盐业博物馆　中国台风博物馆

□ 中国盐业博物馆、中国台风博物馆
实地体验晒盐乐趣，了解盐田构造及制盐过程，识别海盐、湖盐、井盐、岩盐、池盐等特点；在台风博物馆仿真模拟系统，经历台风来临时惊涛骇浪的壮观场面，了解台风名称、检测仪器、各国台风资源、台风危害性等常识。

□ 天净沙牧獐乐园
见识国家二级保护动物——獐，亲身喂养保护动物过一把瘾，品尝美味獐肉菜。

青青世界　里羊岩生态观光园区

■ 观光内容：

□ 青青世界生态观光园区
园区内树林竹丛遮日，核梨果林连片，山溪流水不断，享受穿竹廊、坐竹楼、品香茗、观青山、听鸟吟的乐趣。

□ 展茅里羊岩生态观光园区
园区内拥有枫林、竹林，景观优美，清凉泉、叠石岩、狮子头、猴子洞等景点颇为诱人。

HAIDAOYUJIA XIUXIAN YOU

朱家尖　钓珑湾　沈家门夜排档

■ 周边景点：普陀山、朱家尖、定海古城、桃花岛。

12. 海岛渔家休闲游

线路：定海伊甸园休闲农庄——青青世界生态观光园区——钓琅湾休闲农庄——岱山——中国盐业博物馆、中国台风博物馆——天净沙牧獐乐园——普陀——展茅里羊岩生态观光园区——朱家尖景区——沈家门夜排挡

最佳观光季节：普陀佛茶（4月）、杨梅（6月）。

农事节庆活动：中国普陀佛茶文化节、定海中国晚稻杨梅节等。

农副土特产：普陀佛茶、晚稻杨梅、“明珠牌”海鲜等。

观光内容：

（1）青青世界生态观光园区：园区内树林竹丛遮日，桃梨果林连片，山溪流水不断，享受穿竹廊、坐竹楼、品香茗、观青山、听鸟吟的乐趣。

（2）中国盐业博物馆、中国台风博物馆：实地体验晒盐乐趣，了解盐田构造及制盐过程，识别海盐、湖盐、井盐、岩盐、池盐等特点；在台风博物馆仿真模拟系统，经历台风来临时惊涛骇浪的壮观场面，了解台风名称、检测仪器、各国台风资源、台风危害性等常识。

（3）天净沙牧獐乐园：见识国家二级保护动物——獐，亲身喂养保护动物过一把瘾，品尝美味獐肉菜。

（4）展茅里羊岩生态观光园区：园区内拥有枫林、竹林，景观优美，清凉泉、叠石岩、狮子头、猴子洞等景点颇为诱人。

周边景点：普陀山、朱家尖、定海古城、桃花岛。

八条优秀线路：

1. 大地之春湿地生态游

线路：杭州南湖花城休闲度假庄园——余杭高新农业示范中心（杭州休闲观光农业区）——德清下渚湖湿地公园。

最佳观光季节：全年。

农副土特产：余杭径山茶、塘栖枇杷、超山蜜饯。

观光内容：

（1）杭州南湖花城休闲度假庄园。庄园建有“花木种植基地、休闲度假庄园、驯马庄园和拓展集训基地”；盆景展示园、白鹭湾休闲区、芦苇荡垂钓中心、自助耕种区、异域风情区和驯马庄园区等。

（2）余杭高新农业示范中心（杭州大地之春休闲观光农业区）。集观赏、品尝、采摘、特色茶餐饮于一体；在秀山美地、格林森等农业观光园里，可采摘和品尝新奇瓜果蔬菜。

（3）德清下渚湖湿地公园。下渚湖是一个具有多样性景观的典型天然湖泊湿地，面积11.5平方千米。湿地栖居的野生珍禽大约有160余种。

周边景点：良渚文化遗址、杨乃武小白菜文化公园。

2. 楠溪江乡村风光游

线路：永嘉上塘镇——茗岙梯田风光——大若岩景区——九丈甸园——苍坡、芙蓉村、丽水街等古村落——竹筏漂流——狮子岩。

最佳观光季节：油菜花（3月）、杨梅（6月）。

农副土特产：乌牛早茶、永嘉早香柚等。

观光内容：

（1）茗岙梯田风光。茗岙梯田规模较大，阡陌纵横，线条流畅，环绕着山峰形成凹陷的梯盆，宛若一幅珠光闪闪的油画，如临人间仙境。

（2）早香柚采摘。永嘉早香柚呈金黄色，表面光滑，异香扑鼻，皮薄肉厚，汁多核小，味道甘美。1995年获全国第二届农博会金奖，多次获省农博会金奖。

（3）杨梅采摘。永嘉已有500年的杨梅栽培历史，主产地为永嘉县的渠口、岩头、碧莲、岩坦等乡镇。

（4）坡村、芙蓉村、丽水街等古村落。苍坡村五代后周显德二年（955）始建，依“文房四宝”布局；芙蓉村是楠溪江古村落中最为典型的古村之一，村落规划寓意“七星八斗”格局；丽水街上商店成列，卵石铺路。

周边景点：石桅岩景区、珍溪景区、太平岩景区。

3. 南太湖田园风情游

线路：南太湖中央公园·渔人码头——新希望现代农业示范园——吴兴区食品工业园——移沿山现代农业示范园——荻港徐缘渔庄——浙江未来多功能现代农业示范园区——南浔古镇。

最佳观光季节：全年。

农事节庆活动：蚕花节。

农副土特产：丁莲芳千张包子、诸老大粽子、龟鳖、罗氏沼虾等。

观光内容：

（1）南太湖中央公园·渔人码头。集餐饮、旅游观景、休闲娱乐、特色购物和风情演艺及文化展示为一体的高档特色滨水休闲区，拥享太湖首席宝座，营造极目抒怀、天地我有的太湖景观。

（2）新希望现代农业示范园。示范园以瓜果蔬菜、蚕桑和水产苗种为基地，建有智能化玻璃温室、育苗温室、栽培温室等现农业设施。

（3）移沿山现代农业示范园。示范园内可采摘、品尝樱桃、葡萄等时令水果。

（4）浙江未来多功能现代农业示范园区。园区内建有400亩标准化绿色葡萄种植基地，空气清新，水质清澈，是采摘品尝葡萄的好去处。

周边景点：南浔古镇、小莲庄。

4. 绍兴榧乡淘宝游

线路：吼山现代农业园区——方圆农业观光园——南宋皇陵御茶村茶文化景区——花果山农庄——山娃子农庄——赵家镇香榧森林公园——华东国际珠宝城（黄泥宫渔村）。

最佳观光季节：清明前后（龙井茶炒制）、9—10月（香榧炒制）。

农事节庆活动：吼山桃花节、中国香榧节、中国（国际）珍珠节。

农副土特产：绍兴老酒、绿剑茶、珍珠饰品等。

观光内容：

（1）吼山现代农业园区。园区内设有绍兴传统农具博物馆和农产品展示展销厅；果园内摘果尝鲜，避暑解渴；参与性项目有烧烤、垂钓、品茗等活动。

（2）方圆农业观光园。园区由水产养殖区、果蔬种植区、园林花卉区、垂钓休闲区、野禽养殖区组成，内有浪漫小屋、花卉廊桥、才艺娱乐等设施，突出“绿、幽、静、野”等特点。

（3）南宋皇陵御茶村茶文化景区。御茶村素有皇家茶园之称，以盛产“会稽龙井”茶享誉海内外，是集茶艺、茶品、茶食、茶景于一体的茶文化休闲观光景区。

（4）赵家镇香榧森林公园。香榧森林公园是驰名中外的稀世珍果香榧的主产区，也是我国唯一的香榧自然保护区。园内山高林茂，四季常青，鸟语花香，沿公路盘旋而上，古香榧树满山遍布，犹如一幅水墨画，令人百看不厌。

（5）华东国际珠宝城。位于“中国珍珠之都”——诸暨市山下湖镇，是目前全球最大的珍珠珠宝交易中心，涵盖了淡水珠、南洋珠、黑珍珠等各类珍珠饰品和其他各类珠宝产品。

周边景点：鲁迅故里、大禹陵、兰亭、沈园、柯岩、五泄。

5. 浙中农业科技生态游

观光线路：永康盘龙谷生态园旅游休闲园——方岩景区——缙云河阳古民居——缙云浙大现代科技休闲观光农业示范园区。

最佳观光季节：4—10月。

农事节庆活动：永康方山柿节。

农副土特产：方山柿、缙云麻鸭、红薯片等。

观光内容：

（1）永康盘龙谷生态园旅游休闲园。盘龙谷生态园旅游休闲园东距永康市区 15 千米，内有 20 余种珍稀树种和 100 余种竹种，建有百竹园、彩叶园、芋艿脱毒组培中心。

（2）方岩景区。方岩风景区由方岩山、南岩、五峰、石鼓寮（影视基地）、刘英烈士陵园、五指岩等八大景区组成，拥有险峰绝壁、天然石雕群、洞府石室、飞瀑平湖等景观。

（3）缙云浙大科技休闲观光农业园区。缙云浙大科技休闲观光农业园区集产学研、农科教为一体，种植有浙江大学选育的美国提子、南方早熟梨、早熟大粒樱桃、南方油桃，养殖有子二代野生动物。

周边景点：永康石苍岩风景区、白云风景区、仙都。

6. 浙南竹海倾情游

线路 A：遂昌中国竹炭博物馆——遂昌金矿国家矿山公园——龙游晓溪农家乐——祭天峡谷——观龙井瀑布——登山观竹海。

线路 B：遂昌中国竹炭博物馆——遂昌金矿国家矿山公园——龙游儒门农家乐——观莲采莲——观赏祠堂——游玩杨垅水库。

最佳观光季节：4—10 月。

农副土特产：石练菊米、龙游发糕、龙游小辣椒等。

观光内容：

（1）中国竹炭博物馆。中国竹炭博物馆是国内首家以炭文化历史及国内外炭产品展示为主题的博物馆。建有炭祖大殿、炭综合运用展馆、炭科学原理体验馆。

（2）遂昌金矿国家矿山公园。遂昌金矿国家矿山公园由黄金博物馆、矿业遗迹保护区、黄金生产展示区、山水休闲观光区等几大景区组成；还设有“金艺科普游”、“金龙穿山游”、“金窟探险游”、“淘金池淘金”等旅游项目。

（3）浙西大竹海森林公园。景区属国家一级生态公益林保护区，兼具有竹海观光山水休闲，登山健身，野果野笋采摘，农事生产体验等功能。

（4）龙游志棠白莲休闲观光农业园区。园区具有地方特色的志棠富硒白莲、红花菜等农副产品享誉省内外。

周边景点：遂昌飞石岭景区、龙游石窟。

7. 瓜田柚园观光游

线路：玉环农业生态观光园——温岭大岩头生态农业观光园——温岭老五生态农业观光园。

最佳观光季节：全年。

农事节庆活动：玉环文旦节、温岭乡村旅游节。

农副土特产：玉环柚、果蔗、温岭草鸡等。

观光内容：

（1）玉环农业生态观光园。园区占地近万亩，有管理服务中心区、农耕文化游览区、休闲康体游憩区、生态农业种养区、世界名柚园区、渔乡风情区和生态果园观光区 7 大功能区组成。

（2）温岭大岩头生态农业观光园。大岩头林业观光园有杨梅、桃、橘子、梨林果观光采摘区，种植香樟、桂花、山杜英等乡土树种，有番薯、山药、竹笋等蔬菜认养种植区；有温岭草鸡、山鸡为主的畜禽野放区；有 3 个垂钓鱼塘等。

（3）温岭老五生态农业观光园。老五农庄占地面积 1 500 亩，让游客体验不同农趣，春观梨花，夏采水果，秋赏芦苇，冬摘蜜橘，常年休闲，特色鲜明，设立“人民公社大食堂”，为游客提供吃喝玩乐一条龙服务。

周边景点：玉环大鹿岛森林公园、温岭长屿硐天等。

8. 山海风情赶海游

线路：三门三特渔村——浙江三特渔村——天台街头镇九遮村。

最佳观光季节：全年。

农副土特产：三门青蟹、天台云雾茶、天台中药材等。

观光内容：

（1）浙江三特渔村。三特渔村内有三个区块：①渔村休闲观光区设有咸淡水垂钓区、古民宅体验区、农家耕作区、特色果园区、捕捞体验区、山上狩猎区、农家生态菜肴制作区，“海八鲜”特色餐饮区。②养殖观光区设有精品海鱼观光区、青蟹捕捞区、鱼—虾—蟹—缢蛏立体混养观光区。③海上风光区分为观光区和游客操作区。

（2）天台街头镇九遮村。九遮村有成片的竹林、杨梅林、柿子林，整齐的农田和错落有致的农家小楼，小溪边还有牧童独坐牛背，宛如世外桃源。打麻糍、摘水果、挖竹笋等活动吸引着久居都市的人们。

周边景点：天台国清寺、石梁飞瀑景区。

十九、浙江农业节事案例集锦

■ 仙居油菜花节

■　温州早茶节

■　松阳银猴茶叶节

■　桐庐山花节

■　上虞生态休闲旅游节

■ 大佛龙井茶文化节

■ 宁波天宫庄园桑果节

■ 嘉善杜鹃花展

■ 塘栖枇杷节

美丽田园 魅力农业
2013浙江休闲农业系列活动
慈溪杨梅节
杨梅为媒、
大桥打牌、
经济结果。
www.cixiyangmei.org
时 间：6月
地 点：慈溪
联系电话：0574-63960908

■ 慈溪杨梅节

美丽田园 魅力农业
2013浙江休闲农业系列活动
兰溪市杨梅节
赏兰溪风景、品特色农产品、吃农家饭、住农家院等系列活动。
品味杨梅 相约兰溪
2011兰溪·中国杨梅节
暨兰溪生态农产品上海推介会
时 间：6月
地 点：兰溪

■ 兰溪杨梅节

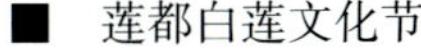
■　莲都白莲文化节

■　云和开犁节

■ 余姚杨梅节

■ 定海晚稻杨梅节

美丽田园 魅力农业
2013浙江休闲农业系列活动
第五届长兴葡萄节
长兴葡萄约占湖州市的90%、全省的12%，长兴已成为浙江省最大的葡萄生产县，是名副其实的“江南吐鲁番”。销售范围已扩达到上海、安徽、江苏、山东、北京等省市的30多个地区。
小浦镇葡萄采摘3号点
画溪万亩葡萄园
时　　间：7月底
地　　点：长兴县画溪街道
联系电话：0572-6046012

■　长兴葡萄节

美丽田园 魅力农业
2013浙江休闲农业系列活动
浦江第六届葡萄节
省内外市场拓展、优质葡萄产品擂台赛、参观游园活动、葡萄(优质果蔬)产品展示和优质葡萄现场品尝、网上葡萄节、水果采摘游推介活动、葡萄等产业学术研讨会（或专题讲座）
时　　间：7月底-8月初
地　　点：浦江文化广场
联系电话：0579-84111959

■　浦江葡萄节

■ 奉化水蜜桃节

■ 永康红富士葡萄节

第五届三门中国青蟹节

三门县名特优新农产品及农业旅游产品展示展销会、三门湾第二届百姓文化节、“欢乐蟹乡”行海洋趣味体育大赛活动、中国现代农业或现代渔业发展论坛、三门湾经济合作与发展论坛、三门县重点工程奠基或开业形式、第五届三门中国青蟹节开幕式暨大型文艺晚会、第五届三门中国青蟹节投资项目签约仪式。

时　　间：9月
地　　点：三门县海游镇
联系电话：0576-83361655

■　三门青蟹节

■　平湖西瓜灯节

■ 南浔湖羊文化节

■ 永嘉香柚节

■　石门湾桂花节

■　庆元香菇节

第四章

智能化创意农业工程技术研发案例

当前，随着网络化、信息化、数字化、智能化的快速推进，信息智能技术与现代农业的深度融合为创意农业的发展开辟了一个全新的领域。农业智能系统是一个较新的交叉研究领域，如何加快筛选、研制各种高精度、低成本的温光水肥等传感器进行智能监测和远程自动控制的“掌上型”“居家型”“温室型”“景观型”“大田型”“非耕地型”等系列智能农业新产品的研发与推广，推进多学科多领域融合、超大信息量数据集成与低带宽、低成本控制技术推广与应用，并在进行植物生长与环境模型深化研究的同时，结合创意农业的需求进行实用化创意化技术研究与研制，成为发展智能化创意农业的一个非常重要的切入点。

一、农业模型系统研究与智能系统研发

设施环境信息数字化采集和设施装备的智能化、自动化管理调控，是现代设施农业有别于传统农业的核心技术之一。当前浙江设施农业中普通大棚占大棚总数的99%以上，总体设施装备水平低，科学化、智能化、自动化管理水平相对滞后，设施大棚的机械化作业和智能化控制尚处于起步阶段，大棚内温、光、水等环境信息获取以经验判断为主，通风、遮阳、施肥、灌溉、采摘等环境调控与农事作业以人力驱动控制为主。一方面因管理控制技术粗放，精

度低且不及时，容易造成农作物损失；另一方面工人劳动强度大，增加了生产成本，难以实现设施农业整体功能和效益的最大化。

浙江省农业科学院数字农业研究所农业模型系统研究室集成传感器技术、远程视频技术、远程通信技术等现代高新技术，研制了“现代设施农业环境远程智能监控软硬件系统”，实现了温、光、水、肥及视频图像信息远程实时监控、环境胁迫即时预警、设施装备远程智能控制、专家交互与指挥、产品溯源码等功能模块。只要能连接 Internet 或 3G 网络，无论身在何处，都可以清晰看到作物生长现场环境情况，了解植物生长发育、病虫害发生和水肥营养情况，并能验证远程现场设备的运行状态等，便于生产和管理。只需发一条手机短信即可得到光、温、水、土等环境因子的实时数据，就可以操控温室中的风机、遮阳网、喷灌系统等设施，不仅做到了“秀才”不出门尽知田间事，而且还可以“尽管”田间事；同时融合了农业模型与农业专家知识，为全自动的工厂化智能设施生产奠定了基础。

该技术成果改变了传统的经验式的设施农业生产管理模式，可满足玻璃温室、连栋大棚以及塑料单棚等不同的设施条件水平的需求，提升智能化、信息化、自动化的设施精准管理水平，提高生产效率，减少生产管理人员、节约人力成本，促进农业增效、农民增收。目前已连续在 2011 年浙江省两区现场会（金华）、2011 年省农博会（杭州）、2012 年省两区现场会（湖州）和 2012 年省农博会（萧山）上示范展示，参观人次近万，其中省、地市县农业领导超过 500 人次，获得浙江省和农业部主要领导的高度关注与肯定，并在金华、湖州、嘉兴、舟山等县市的农业合作社中推广使用，社会效益、经济效益都很显著。

二、湖州吴兴移沿山现代农业示范园

移沿山现代农业示范园位于湖州吴兴区八里店省级农业综合区内，隶属金农生态农业发展有限公司，规划面积1 500亩，一期核心区 800 亩，集种苗繁育、新技术新品种示范与推广、产品生产与销售、都市休闲农业等功能于一体。

2012 年 5 月完成现代设施农业环境远程智能监控软硬件系统在 2 000 多平方米的玻璃温室大棚（种子种苗集约化繁育中心）的示范应用建设。项目实现了对设施作物生长的视频、环境数据等远程实时采集，一旦需要就对作物进行灌溉施肥、调温排风等操作，只需通过网络或手机发送远程指令，就可实现对温光水肥环境因素的自动控制，达到全天候育苗能力。作为 2012 省两区建设（湖州）现场会现代智能农业展示内容，获得浙江省和农业部主要领导的高度关注与肯定。农业部部长韩长赋，时任省委副书记、省长夏宝龙，省委常委、副省长葛慧君等领导都曾参观繁育中心智能化系统。

繁育中心现场

远程触摸屏操控显示

吴兴：手机上的农庄

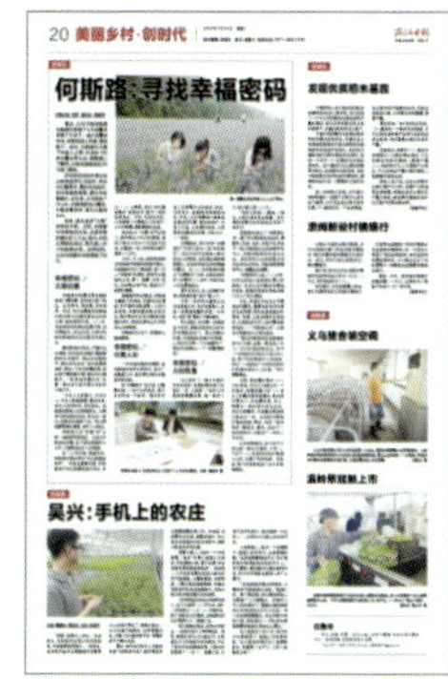

20 美丽乡村·创时代

何斯路：寻找幸福密码

吴兴：手机上的农庄

手机操控"机器人"种菜口袋里"装"下一座现代农庄

《浙江日报》：吴兴：手机上的农庄，（凤凰网转载）；

《湖州日报》：10万亩农田解读“科技密码”；

《浙江在线》：手机操控“机器人”种菜，口袋里装下一座现代农庄；

《传媒湖州》：科技改变我们的生活。

三、武义桑合水果合作社

武义桑合水果合作社是以种植无花果为主的特色种植业专业合作社，围绕农业增效、农民增收为目标，转型发展特色种植业。2012年与浙江省农科院合作立项武义“基于物联网的设施农业远程智能监控技术应用与示范”科技项目。项目现实了对无花果生长现场的视频，光、温、水等环境信

A2 【要闻】

农民有啥难题 博士来想办法

浙江省农科院百名博士深入武义服务基层

超威储能电池承受60℃高温“烤”验

浙江省第二届体育大会9月举办

在这里，食品安全知识可玩可动

息的实时采集；并具备环境预警、远程自动灌溉等功能，有效提升了合作社的生产管理效率和水平。当年即产出“无花果”产品，生产全部采用有机肥料，不使用化肥和农药，品质绿色无公害，产品一上市即深受消费者喜爱。

《科技金融时报》——农民有啥难题，博士来想办法。

四、嘉兴大桥镇绿江葡萄合作社

嘉兴大桥镇是浙北最大的葡萄基地，葡萄种植面积已达18 000亩，葡萄种植面积、产量效益等指标位居全市第一、全省第三，“江南”牌葡萄也被评为浙江省名牌产品和著名商标。2012年绿江葡萄专业合作社葡萄种植基地，作为国家葡萄产业综合试验站示范点，率先建设了葡萄园设施远程自动监控系统。葡萄园设施远程自动监控系统能自动监测光、温、水、土等环境因子，坐在办公室便可了解葡萄的生长状况，并通过网络和手机对大棚通风膜、喷灌系统等设施实施远程控制，在管理网页，对不同生长阶段葡萄分类设置好管理参数后，还能实现智能管理，每个微电脑控制中心控制着管理方式相近的一批葡萄大棚，一旦温度达到设定数值，不用管理人员发送指令，大棚就能自动完成相应的流程和操作。

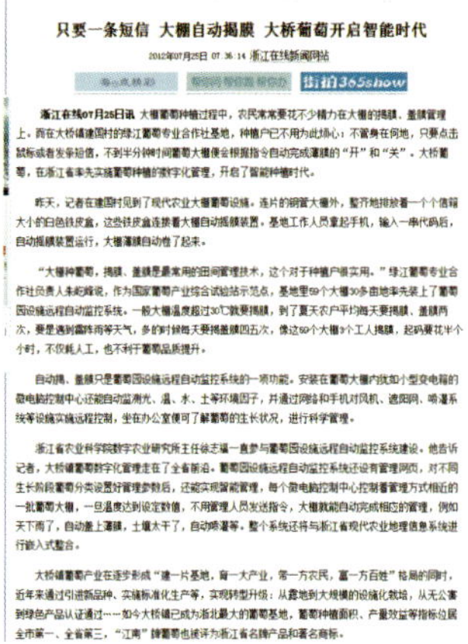

只要一条短信　大棚自动揭膜　大桥葡萄开启智能时代

2012年07月25日 07:36:14 浙江在线新闻网站

浙江在线07月25日讯 大棚葡萄种植过程中，农民常常要花不少精力在大棚的揭膜、盖膜管理上。而在大桥镇建国村的绿江葡萄专业合作社基地，种植户已不用为此烦心：不管身在何地，只要点击鼠标或者发条短信，不到半分钟时间葡萄大棚便会根据指令自动完成薄膜的“开”和“关”。大桥葡萄，在浙江省率先实施葡萄种植的数字化管理，开启了智能种植时代。

昨天，记者在建国村见到了现代农业大棚葡萄设施。连片的钢管大棚外，整齐地排放着一个个信箱大小的白色铁皮盒，这些铁皮盒连接着大棚自动摇膜装置。基地工作人员拿起手机，输入一串代码后，自动摇膜装置运行，大棚薄膜自动卷了起来。

“大棚种葡萄，揭膜、盖膜是最常用的田间管理技术，这个对于种植户很实用。”绿江葡萄专业合作社负责人朱屹峰说，作为国家葡萄产业综合试验站示范点，基地里59个大棚30多亩地率先装上了葡萄园设施远程自动监控系统。一般大棚温度超过30℃就要揭膜，到了夏天农户平均每天要揭膜、盖膜两次，要是遇到雷阵雨等天气，多的时候每天要揭盖膜四五次，像这59个大棚3个工人揭膜，起码要花半个小时，不仅耗人工，也不利于葡萄品质提升。

自动揭、盖膜只是葡萄园设施远程自动监控系统的一项功能。安装在葡萄大棚内犹如小型变电箱的微电脑控制中心还能自动监测光、温、水、土等环境因子，并通过网络和手机对风机、遮阳网、喷灌系统等设施实施远程控制，坐在办公室便可了解葡萄的生长状况，进行科学管理。

浙江省农业科学院数字农业研究所主任徐志福一直参与葡萄园设施远程自动监控系统建设。他告诉记者，大桥镇葡萄数字化管理走在了全省前沿。葡萄园设施远程自动监控系统还设有管理网页，对不同生长阶段葡萄分类设置好管理参数后，还能实现智能管理，每个微电脑控制中心控制着管理方式相近的一批葡萄大棚，一旦温度达到设定数值，不用管理人员发送指令，大棚就能自动完成相应的管理，例如天下雨了，自动盖上薄膜，土壤太干了，自动喷灌等。整个系统还将与浙江省现代农业地理信息系统进行嵌入式整合。

大桥镇葡萄产业在逐步形成“建一片基地，育一大产业，带一方农民，富一方百姓”格局的同时，近年来通过引进新品种、实施标准化生产等，实现转型升级：从露地到大规模的设施化栽培，从无公害到绿色产品认证通过……如今大桥镇已成为浙北最大的葡萄基地，葡萄种植面积、产量效益等指标位居全市第一、全省第三，“江南”牌葡萄也被评为浙江省名牌产品和著名商标。

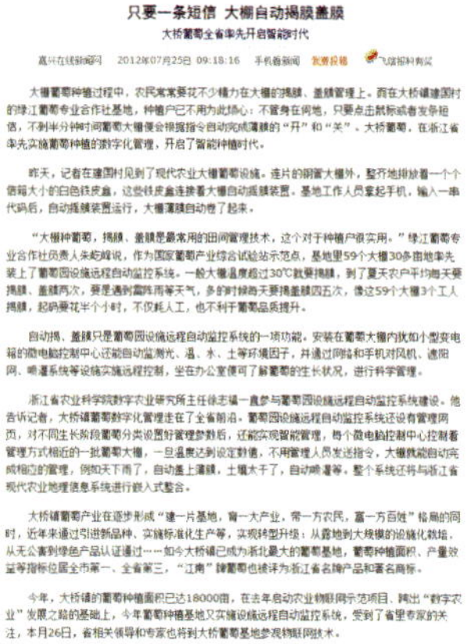

只要一条短信　大棚自动揭膜盖膜

大桥葡萄全省率先开启智能时代

嘉兴在线新闻网　2012年07月25日 09:18:16　手机看新闻　我要投稿　飞信报料有奖

大棚葡萄种植过程中，农民常常要花不少精力在大棚的揭膜、盖膜管理上。而在大桥镇建国村的绿江葡萄专业合作社基地，种植户已不用为此烦心：不管身在何地，只要点击鼠标或者发条短信，不到半分钟时间葡萄大棚便会根据指令自动完成薄膜的“开”和“关”。大桥葡萄，在浙江省率先实施葡萄种植的数字化管理，开启了智能种植时代。

昨天，记者在建国村见到了现代农业大棚葡萄设施。连片的钢管大棚外，整齐地排放着一个个信箱大小的白色铁皮盒，这些铁皮盒连接着大棚自动摇膜装置。基地工作人员拿起手机，输入一串代码后，自动摇膜装置运行，大棚薄膜自动卷了起来。

“大棚种葡萄，揭膜、盖膜是最常用的田间管理技术，这个对于种植户很实用。”绿江葡萄专业合作社负责人朱屹峰说，作为国家葡萄产业综合试验站示范点，基地里59个大棚30多亩地率先装上了葡萄园设施远程自动监控系统。一般大棚温度超过30℃就要揭膜，到了夏天农户平均每天要揭膜、盖膜两次，要是遇到雷阵雨等天气，多的时候每天要揭盖膜四五次，像这59个大棚3个工人揭膜，起码要花半个小时，不仅耗人工，也不利于葡萄品质提升。

自动揭、盖膜只是葡萄园设施远程自动监控系统的一项功能。安装在葡萄大棚内犹如小型变电箱的微电脑控制中心还能自动监测光、温、水、土等环境因子，并通过网络和手机对风机、遮阳网、喷灌系统等设施实施远程控制，坐在办公室便可了解葡萄的生长状况，进行科学管理。

浙江省农业科学院数字农业研究所主任徐志福一直参与葡萄园设施远程自动监控系统建设。他告诉记者，大桥镇葡萄数字化管理走在了全省前沿。葡萄园设施远程自动监控系统还设有管理网页，对不同生长阶段葡萄分类设置好管理参数后，还能实现智能管理，每个微电脑控制中心控制着管理方式相近的一批葡萄大棚，一旦温度达到设定数值，不用管理人员发送指令，大棚就能自动完成相应的管理，例如天下雨了，自动盖上薄膜，土壤太干了，自动喷灌等。整个系统还将与浙江省现代农业地理信息系统进行嵌入式整合。

大桥镇葡萄产业在逐步形成“建一片基地，育一大产业，带一方农民，富一方百姓”格局的同时，近年来通过引进新品种、实施标准化生产等，实现转型升级：从露地到大规模的设施化栽培，从无公害到绿色产品认证通过……如今大桥镇已成为浙北最大的葡萄基地，葡萄种植面积、产量效益等指标位居全市第一、全省第三，“江南”牌葡萄也被评为浙江省名牌产品和著名商标。

今年，大桥镇的葡萄种植面积已达18000亩，在去年启动农业物联网示范项目、跨出“数字农业”发展之路的基础上，今年葡萄种植基地又实施设施远程自动监控系统，受到了省里专家的关注，本月26日，省相关领导和专家也将到大桥葡萄基地参观物联网技术。

一般大棚温度超过30℃就要揭膜，到了夏天农户平均每天要揭膜、盖膜两次，要是遇到雷阵雨等天气，每天揭盖膜多达四五次，像这59个大棚3个工人揭膜，起码要花半小时，不仅耗人工，也不利于葡萄品质提升。

《浙江在线嘉兴频道》——大桥葡萄全省率先开启智能种植时代；

《嘉兴在线》——只要一条短信，大棚自动揭膜盖膜；

《农网资讯》——手机短信控制大棚自动揭膜，葡萄种植开启物联网时代。

手机短信控制大棚自动揭膜 葡萄种植开启物联网时代

2012-7-25 14:51:00

大棚葡萄种植过程中，农民常常要花不少精力在大棚的揭膜、盖膜管理上。而在浙江省大桥镇建国村的绿江葡萄专业合作社基地，种植户已不用为此操心：不管身在何地，只要点击鼠标或者发条短信，不到半分钟时间葡萄大棚便会根据指令自动完成薄膜的“开”和“关”。

大桥葡萄，在浙江省率先实施葡萄种植的数字化管理，开启了物联网智能种植时代。

7月24日，记者在建国村见到了现代农业大棚葡萄设施。连片的钢管大棚外，整齐地排放着一个个信箱大小的白色铁皮盒，这些铁皮盒连接着大棚自动揭膜装置。基地工作人员拿起手机，输入一串代码后，自动揭膜装置运行，大棚薄膜自动卷了起来。

“大棚种葡萄，揭膜、盖膜是最常用的田间管理技术，这个对于种植户很实用。”绿江葡萄专业合作社负责人朱屹峰说，作为国家葡萄产业综合试验站示范点，基地里59个大棚30多亩地率先装上了葡萄园设施远程自动监控系统。一般大棚温度超过30℃就要揭膜，到了夏天农户平均每天要揭膜、盖膜两次，要是遇到雷阵雨等天气，多的时候每天要揭盖膜四五次，像这59个大棚3个工人揭膜，起码要花半个小时，不仅耗人工，也不利于葡萄品质提升。

自动揭、盖膜只是葡萄园设施远程自动监控系统的一项功能。安装在葡萄大棚内状如小型变电箱的微电脑控制中心还能自动监测光、温、水、土等环境因子，并通过网络和手机对风机、遮阳网、喷灌系统等设施实施远程控制，坐在办公室便可了解葡萄的生长状况，进行科学管理。

浙江省农业科学院数字农业研究所主任徐志福一直参与葡萄园设施远程自动监控系统建设。他告诉记者，大桥镇葡萄数字化管理走在了全省前沿。葡萄园设施远程自动监控系统还设有管理网页，对不同生长阶段葡萄分类设置好管理参数后，还能实现智能管理，每个微电脑控制中心控制着管理方式相近的一批葡萄大棚，一旦温度达到设定数值，不用管理人员发送指令，大棚就能自动完成相应的管理，例如天下雨了，自动盖上薄膜，土壤太干了，自动喷灌等。整个系统还将与浙江省现代农业地理信息系统进行嵌入式整合。

向参观专业合作社种植户展示介绍

第五章

创意农业技术研发案例

结合世界发达国家的典型经验与实践，从国内和浙江省的实际来看，发展创意农业是一项涉及到多学科、多技术、多功能、多创意的复合性系统工程。引领和支撑创意农业发展的技术创新是现代农业技术与工业技术及等多种技术的组装、叠加与集成。其核心是推动创意农业发展的生物技术、工程技术、栽培技术、装备技术、信息技术、加工技术等研究开发与推广应用。为了推进创意农业发展，世界主要发达国家从技术支撑上做了大量的探索和创新，引领和支撑创意农业发展的生物技术、工程技术、栽培技术、装备技术、信息技术、加工技术等得到了深入研究开发和推广应用。部分国家在创意农业发展上形成了种植示范、生产示范、研发试验、检验检疫、物流配送、创意加工、文化展示、休闲旅游等多功能的创意农业新装备、新设施、新品种、新技术，形成了集引种、保种、栽种和创新技术研发、科研培训于一体的创意农业技术研发与推广体系。

从总体上看，当前支撑创意农业发展的关键技术主要有以下几个方面：一是生物学研究与应用的技术方面。包括基因工程、细胞工程、发酵工程和酶工程，现代生物技术发展到高通量组学（omics）芯片技术、基因与基因组人工设计与合成生物学等系统生物技术与创意农业发展的结合。二是工程设施装备技术及其应用技术方面。包括农业装备与设施工程及应用技术的各种形态。如设施农业的工具设备、装置装备和技术方法，农产品精深加工的加工工艺、运行设备，工程与设施装备材料等工程装备技术与创意农业发展的结合。三是农作物栽培技术创新及其应用方面。包括各类创意农作物的无土栽培、超高产栽培、精准定量栽培、多目标生产栽培、立体种植、多品种的间种与套种等的栽培与种植技术及其与创意农业发展的结合。四是创意农业多种新技术的集成整合技术。如何集成和整合创意农业发展的生物技术、工程技术、栽培技术、装备技术、信息技术、加工技术等，使创意农业的单一技术转化为创意农业发展的复合技术和多种技术的杂交，形成创意农业技术的集成创新，是急需研究的方向。

一、压缩型育苗基质营养钵技术

1. 压缩型育苗基质营养钵的科学创意

随着农业生产从传统农业向现代化农业转变，农业的规模化越来越明显，对种苗的生产也提出了更高的要求。据估计，我国蔬菜每年用种苗量已超过 4 000 亿株，其中 2/3 蔬菜生产均需采用育苗移栽。传统的育苗方式由于生产经营规模小，育苗极为分散，育苗条件差，已不能满足农业工厂化生产的需要，种苗的生产的专业化、工厂化已势在必行。而选择合适的育苗基质和育苗方式以满足农业工厂化生产的需要成了一个急需解决的问题。

目前生产上采用的育苗方式一般为塑料育苗钵和穴盘种苗生产。塑料膜钵是目前最为常用的育苗方式，但不透气，散水性差。由于塑料膜之间的静电作用，膜与膜之间粘连严重。另外塑料质软，不能直立，装土困难，不利于根系生长，残膜不能降解，污染严重。脱膜移栽易损伤根系影响成活率。国际上采用纸钵代替塑料育苗钵，但成本高，材质软，保水性差，且纸浆生产过程中废水污染严重，影响生态环境。

穴盘种苗生产从 20 世纪 60 年代中期在美国最早开始采用，具有管理方便，移栽不伤根等优点，有利于温度、湿度等环境的控制，是目前比较先进的一种育苗方式。在美国目前已有百余家规模化经营的种苗场，推进了蔬菜种植现代化。我国在 20 世纪 80 年代中期开始引进，但发展比较缓慢，目前主要应用于部分花卉种苗的生产，专业培育蔬菜的穴盘种苗生产则较少。究其原因，主要是因为穴盘种苗生产需要专业的温室来控制环境条件，成本较高。由于穴盘生产种苗较密，易导致通风不畅，一旦发生病害，很容易传染。穴盘生产特有的逆边际效应也需要较高的技术来控制。穴盘种苗生产的一个关键因素是育苗基质。目前国内有引自国外的育苗专用基质，但价格极高，仅有少数的花卉种苗生产者能使用，大多数的花卉和蔬菜种苗生产者一般采用泥炭、蛭石和珍珠岩来自行配制。由于对于基质的理化性状缺乏了解，对于不同蔬菜种苗对基质的要求考虑得较少，影响了种苗的质量。国产泥炭开采的不规范也导致不同批次的泥炭质量不稳定，开采过程中泥炭易受污染，因而导致种苗生产中病害的传播。另外使用后抛弃的穴盘也缺少处理，对环境造成很大的污染。这些因素都阻碍了种苗工厂化生产的发展。

针对不同种苗的生长要求，发展低成本、环保的育苗基质和适合我国目前种苗生产要求的育苗方式以满足种苗工厂化生产的需要已成为发展趋势。浙江省农科院环境土壤研究所针对目前塑料育苗钵的不足，并借鉴穴盘种苗生产的优点，利用经无害化处理的椰糠、作物秸秆以及畜禽粪便等农业废弃物作为基本原料，结合现代农业科研集成技术，根据花卉和蔬菜种苗生产的不同要求开发专用压缩型基质育苗营养钵。该育苗营养钵由基质材料混匀后直接挤压成型，播种前浇入适当的水分即可软化但不松散，种苗生长后可连育苗营养钵一起直接移栽到土壤中，避免了塑料育苗钵脱钵伤根的缺点，缩短了缓苗期，育苗营养钵埋入土壤后，可增加土壤有机质和养分，长期使用可改善土壤理化性状。压缩型基质育苗营养钵可根据不同种苗生长的需要采用专用型配方，并可根据需要适当增加育苗营养钵之间的距离，减少穴盘种苗生产的逆边际效应。通过育苗营养钵的专业化生产，还可减少基质的污染，避免种苗生产中的病害传播。

压缩型基质育苗营养钵的开发应用，实现了对流失的物质和能量再利用，降低了泥炭等不可再生资源的消耗，减少了农业废弃物对环境的污染。

2. 压缩型育苗基质营养钵技术原理流程示意图

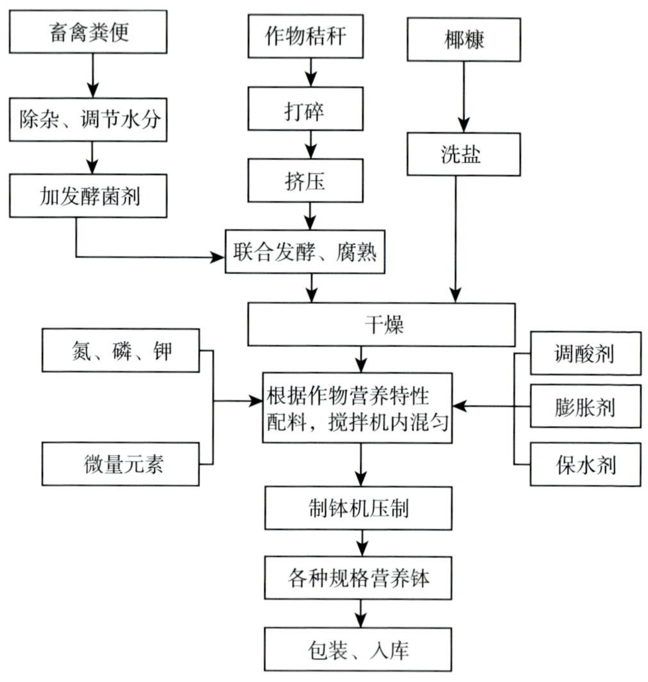

3. 压缩型育苗基质营养钵产品在农业生产中的应用实例

目前，压缩型基质育苗营养钵根据不同作物育苗期养分的需求，种子的大小，研发了 ϕ3 厘米、ϕ3.5 厘米、ϕ4 厘米、ϕ4.5 厘米、ϕ5 厘米、ϕ6 厘米等一系列产品，并在宁波、杭州、温州、绍兴及福建莆田等地大面积推广应用，都取得了良好的使用效果。“中慈”牌压缩型基质营养钵在瓜菜育苗上，效果大大优于常规的塑料营养土钵，而且具有使用简单、省工，无病害，秧苗素质好，带钵移栽不散钵，无缓苗期，成活率高，抗逆性强等优点，有利于作物后期的健康生长，促进作物增产增收。

迄今为止，已累计生产销售压缩型基质育苗营养钵 3 000 多吨（折合营养钵 1.2 亿多只），累计应用面积达 500 余万亩，获社会经济效益达 5 000 多万元。并作为核心成果之一，获得 2008 年度浙江省科学技术二等奖和 2010—2011 年度中华农业科技奖三等奖。

宁海县长街的西瓜嫁接苗的育苗基地中使用的压缩型基质育苗营养钵

中慈试验基地的西瓜嫁接苗试验中使用的压缩型基质育苗营养钵

中慈试验基地的番茄育苗试验中使用的压缩型基质育苗营养钵

慈溪市国春农场的黄瓜育苗棚中使用的压缩型基质育苗营养钵

二、慈溪绍根果蔬基地太阳能发电项目

2013 年 4 月 2 日，慈溪逍林镇绍根果蔬基地向慈溪市供电局递交了光伏发电项目并网的申请，成为慈溪市首个申请光伏发电并网的项目。

绍根果蔬基地两个大棚，总面积 4 224 平方米，在棚顶上共计安装了单晶硅太阳能电池板 228 片和非晶硅面太阳能电池板 121 片。有了这些太阳能电池板，果蔬基地里的电几乎可以实现自给。配电表箱显示，2013 年仅前 3 个月，这套系统已经累计发电 4 800 千瓦时。而这前 3 个月，大部分都是低温阴雨天气，一年中阳光充沛的日子才刚开始。根据测算，这套光伏发电系统年发电量在 36 000 千瓦时左右。

这样一套太阳能发电站，主要由太阳能电板、蓄电池、控制器和逆变器几大部分组成。太阳能发电系统的工作原理是，白天在日光照射条件下，太阳能电池组件产生一定的电能，再通过充放电控制器对蓄电池进行充电，将由光能转换而来的电能贮存起来，然后通过逆变器，将直流电转换成交流电用于交流电用电器。这些设备最核心的部分是太阳能电池板，它也是太阳能发电系统中价值最高的部分。与电池板相配的蓄电池，其作用是在有光照时将太阳能电池板所产生的电能储存起来，到需要的时候再释放出来。而太阳能控制器的主要作用是控制整个系统的工作运行。

绍根果蔬基地太阳能发电项目由宁波高新区聚光太阳能有限公司承建，经慈溪市供电局的工作人员现场勘查认为，基地的光伏电站能够并网发电，多余的电可以卖给国家。目前政府对于居民个人建设光伏电站的电价补贴政策尚未出台。而之前，浙江省物价局、发改委等发布的《关于我省太阳能光伏发电示范项目扶持政策的意见》中，对列入光伏发电的示范项目，省级采取 0.7 元/千瓦时补贴的标

准，补贴后，并网电价的收购价是1.182元/千瓦时。但是要享受这个补贴有门槛：即必须是享受政策扶持的示范项目，具备已被列入国家资金支持、按国家和省规定的基本建设程序审批或核准、采用最新技术和竞争优势的光伏产品和组件，以及装机容量不小于200千瓦等多项条件。

目前光伏发电对建筑物的受光面积有要求，而且光伏发电系统成本较高，维护难度大。不过在农业生产中使用这种洁净能源的环保意义重大。在当今油、煤炭等能源短缺的现状下，国家也在大力提倡低碳环保经济，太阳能是最具发展潜力的可再生资源，太阳能发电清洁、环保，是值得倡导的一种发电方式。光伏发电在发达国家已经很普及，相关的补贴政策也都很健全。不过随着我国加大对光伏发电产业的扶持，智能化电网建设的推进以及政策性支持，未来我国光伏发电在农业上的应用应该会有较好的发展前景。

慈溪绍根果蔬基地太阳能发电项目

三、低丘红壤立体种养模式

该模式是针对地形变化大，气候垂直变化明显的山区创制的，能充分利用当地的“立体气候”，依据不同生物的生活习性和空间的多层次性，实行多种生物结构有机结合，合理布局农、林、牧、渔、副业的农业模式，变以“粮食”为主成以“林果”为主的农业生产结构。如丘顶以林为主，种植马尾松、湿地松等用材林、水保林；丘岗中部种植经果作物，如板栗、甜柿、柑橘、李、梨、花生、油菜等；坡麓种水稻、玉米等粮食作物与饲料等；池塘则以养鱼为主。在每一部位则实行间、套混作的立体布局，如农林、果农、农（果）肥间作混作等。在养殖方面实施猪—沼—鱼（珠）和牛、禽（食草）—沼（气）—鱼等食物链配置。通过对各亚系统中各模式的结构、功能和效益进行比较，筛选出一些较好的模式组分：林草亚系统以阔叶林和混交林较好；果作亚系统以柑橘（李、梨）＋花生—绿肥、旱稻—小麦和玉米—大麦较好；农田亚系统以稻—稻—肥和稻—稻—油（麦）较好；养殖亚系统以猪—草—鱼食物链模式较好。这些模式可以组成4种优化的立体农业生态模式：阔叶林—柑橘、李、梨（＋花生（旱稻）—绿肥）—玉米—大麦—稻—稻—肥—鱼—猪—草；混交林—柑橘、李、梨（＋花生（旱稻）—绿肥）—玉米—大麦—稻—稻—油（麦）鱼—猪—草；阔叶林—梨、柑橘（＋花生—绿肥）—旱稻—小麦—稻—稻—肥—鱼—猪—草；混交林—梨、柑橘（＋花生（旱稻）—绿肥）—旱稻—小麦—稻—稻—油（麦）—鱼—猪—草。实行立体种植模式经济效益比传统模式增加0.53～0.84倍，劳动生产力提高5.3～8.0元/天，减少地表径流20%～50%。

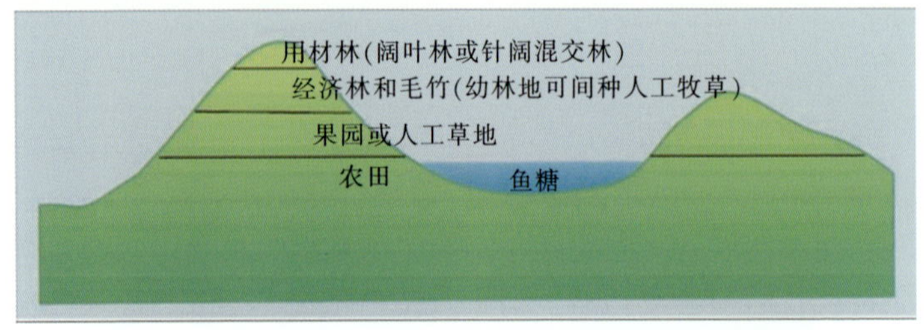

低丘红壤“顶林、腰果、谷农、塘渔”立体种养模式

四、鱼塘—台田模式

该模式针对滨海地区滩涂，地势低洼，低湿地，地下水位高，排水不畅，围涂挖塘养鱼，筑台田种植作物和防护林，发展农、林、果、渔复合业。如鱼—果—粮、鱼—果—棉、鱼—果—菜、鱼—果—草（饲料）等四种立体种养模式。该模式的主要特点是：池塘内养鱼，水面上养鸭，水域四周种植牧草、黄豆、小麦或其他经济作物和林木，陆地上养猪（或羊、鸡等）。粮食作物或饲料作物生产的粮食、饲料喂猪、鸭等畜禽，畜禽粪便喂鱼肥水或作为农作物的肥料，牧草喂养草食性鱼类和畜禽，鱼粪肥水，污泥肥地。采用粮、草、鸭、猪、鱼立体种养模式，按水面计平均亩产 2 万元，利润 4 400 元，比单养鱼每亩增加利润 1 500 元。

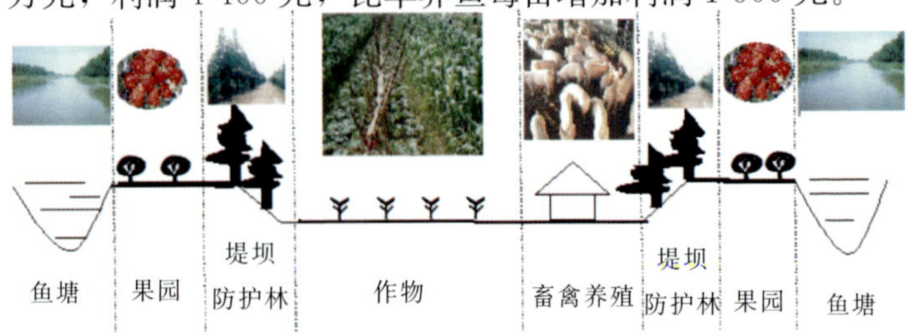

鱼塘—台田模式

五、基塘农业模式

针对降水丰富，水热资源充足，地势低，洪涝灾害严重，挖洼地为鱼塘，将泥土堆砌在鱼塘四周成塘基，可减轻水患，塘中养鱼，基上种桑、甘蔗、果树和花卉，形成基塘农业人工生态系统。如：果基鱼塘、菜基鱼塘、蔗基鱼塘。

基塘农业模式

六、墙体绿化农业产品

该系统由建德市农科开发服务有限公司研发生产。自动灌溉系统：可通过测试土壤的湿度和人工设定灌溉时间，来完成一系列灌溉。太阳能发电系统：达到城市低碳生活，无污染、环保、安全。自动复位开关及断电装置：育菜机在完成一天的工作后，会自动复位到原始位置，断开电源，等待第二天的工作，从而达到节能环保的效果。水循环系统：该产品配套的滴灌系统可形成一个水的循环系统，能有效节约水资源。可移动性：育菜机底部安装有滚动轮，能自如方便地移动。微电脑控制器：育菜机通过微电脑控制器进行操控，操作方便简单。育菜机采用的平面式实现了空间利用率的最大化，让居民在小空间实现种菜的愿望，让城市居民品尝到新鲜的有机蔬菜，提高居民的生活品质。阳台菜园是孩子的科普基地（锻炼孩子的科学与实践能力，增强爱惜粮食的意识），是主妇的“菜篮子”（自给自足），是老人的休闲怡情的场所（丰富退休后的富余时间），是男士为老人、主妇、孩子提供的首选礼品，增加全家人的生活乐趣，提高生活品质。育菜机上所种植的植物不仅起到观赏、食用的功效，还具备吸收室内甲醛、分解室内有毒物质、净化室内空气和调整空气湿度等作用。

墙体绿化农业产品

七、立体栽培设施

该设施由建德市农科开发服务有限公司研发生产。具备如下优点：①可安装智能控制系统及水循环系统；②花槽可拆卸，有利于土壤等的消毒工作；③增加土地利用率及植物种植密度；④花槽外形美观，坚固耐用，使用寿命长；⑤采用梯形种植，增加了受光面积，提高了光能利用率，有利于植物生长。

立体栽培设施

八、自动种菜机

建德市农科开发服务有限公司研发生产的这套自动种菜机，能通过自动灌溉控制系统测试土壤的湿度和人工设定灌溉时间，进而完成一系列灌溉任务，由产品配套的滴灌系统形成一个水的循环系统，达到节约水资源的效果。智能种菜机不仅是孩子的科普基地，锻炼孩子的科学实践能力，增加爱惜粮食的意识，也是主妇的“菜篮子”和老人的休闲怡情场所。

自动种菜机

第六章

非耕地创意农业工程技术研发案例

非耕地农业是现代农业的有机组成部分。广义的非耕地农业是指在沙漠、戈壁滩、盐碱地、旱沙地、荒山坡地、沿海滩涂等不适于耕作的土地上，以现代科学技术和装备为支撑，用现代组织管理和经营方式进行生产，使原本不适于耕作的土地产生较好的经济效益、社会效益和生态效益的一种农业产业发展方式，是解决果菜等经济作物与粮争地，有效增加耕地的重要途径之一。

浙江人多地少，耕地保护形势十分严峻：人均耕地仅0.55亩，不足全国人均耕地面积的一半，低于联合国粮农组织确定的警戒线。为此，深度挖掘非耕地资源、积极推进非耕地创意农业，是浙江耕地面积增持的重要途径之一。

推进浙江非耕地创意农业的意义在于：一是科学发展非耕地创意农业可以有效增加农业土地资源，提高土地使用率和土地质量，增加可耕地粮食种植面积，对优化浙江省农业生产布局、保证可耕地粮食生产，坚持经济效益和生态效益相结合，具有重要的现实与历史意义。二是非耕地农业的科学发展一方面可以有效缓解城乡建设用地需求与浙江省耕地面积坚守1 800万亩的矛盾，另一方面可以有效缓解日益严重的粮食与经济作物争地的矛盾，为消费者提供优质蔬菜、水果和油料等，解决“菜篮子”产品供应难题，间接保障粮食安全。三是非耕地农业的科学发展可以充分利用非耕地资源的潜在优势，有效节约能耗，发展低碳农业，保护和改善生态环境。

那么，在创意农业为人们提供了乡村旅游、休闲度假、森林养吧等多种休闲农业产品和服务的同时，浙江省大中城市聚集人口越来越多，“水泥森林”规模越来越大。在此背景下，城市居民的生态环境和美学需求如何保障？创意农业如何作为？本章案例中，阳台当菜园，辟出一方小天地，种下花草瓜菜，享受田园种植的乐趣；屋顶上经营农业，都市居民、企事业业主在空中栽培各种农作物；让农业向空中发展，融合立体农业、设施农业、生态种养集成技术创意，既能节水节地节能，减少运输环节中的废气排放，还能将城区中的建设用地在空中还绿……盆景、观赏鱼养殖创意案例纷呈，非耕地农业创意在浙江大地蕴含无限生机。

一、金恒服饰空中菜园

千岛湖畔鼓山工业园区有一座“空中菜园”。这座“空中菜园”架在一幢厂房上，外面是现代化的连幢大棚，里面是满眼绿意，娇滴滴的黄瓜、形态各异的观光南瓜、西红柿、丝瓜等，让人赏心悦目，羡慕不已。这就是浙江省农科院在金恒服饰公司建立的屋顶循环农业资源综合利用的试点区。

在浙江省农科院的指导下，金恒服饰投入 150 多万元，建成 4 幢连体塑料大棚，并安装先进的喷、滴灌设施，增设防虫网和自动遮阳系统等现代化设施，并于 2012 年 4 月初种上了各色时令蔬菜，如今，已是满园绿色。

屋顶农业通过覆土、作物隔热，夏天室内温度可以降低 5～6℃，盛夏既使人感觉舒适，还能节电，天热的时候，每天可以省下 500 千瓦时。而公司生产过程会产生热水，本来热水需要处理冷却才可以使用，现在这个热水冬天给菜园保温，热水经过菜园的降温冷却，又可以回到车间使用，形成循环。

金恒服饰还在厂区一角养猪若干头（猪舍内干湿分离），建 80 多立方米的沼气池一个（沼气池上安装臭氧发生仪以清除异味），将公司绿化修剪的枝条、枯叶等，以及粪便排泄物集中至沼气池，产生沼气成为公司食堂的绿色能源，沼液又可以成为菜园的有机肥，使空中菜园的菜更加绿色、环保。

土地资源是十分宝贵的，是人类赖以生存和发展的重要物质基础。建筑屋顶发展农业，使土地得到二次利用，同时，也使“建房只占空间不占地”成为现实，社会效益无可估量。如果，浙江省每年屋顶造地占新建筑的 50%，至少可节地 10 万亩以上。以每亩 20 万元的购地指标价计算，每年可节约开支 200 亿元以上。浙江全部建设用地的四分之一以建筑造地，可达 120 万亩，同样按每亩 20 万元计算，则高达 2 400 亿元。屋顶全部种上绿色植物，那么城市就将掩映在一片绿色之中，城市的“水泥森林”将被植物森林所取代。

二、绍兴“疯狂屋顶”

绍兴市杨汛桥镇麒麟村农民彭秋根在屋顶上种蔬菜、种西瓜、种水稻，恐怕是绍兴市最出名的一片屋顶了。他那“疯狂的屋顶”多年来引发了许多好奇、怀疑、惊讶、赞叹的目光。

彭秋根的二层小楼紧邻大街，最下面一层开了一个修车铺，也是他谋生的主业，二层出租。继续沿着一侧的楼梯一直往上走，打开一道木门，绿油油的水稻世界赫然映入眼帘，微风吹过稻浪滚滚。抬头四望，这悬在空中的稻田感觉非常奇特。

尽管面积只有 110 平方米，约两分地，屋顶水稻的收成却不错，一年可以种一季麦子两季水稻，5 月种的早稻，8 月收了 80 千克稻子。除了一家三口的口粮，彭秋根还留些糯米准备酿酒。

这稻浪翻滚、酒香四溢的屋顶，一开始却被村民们形容为“疯狂的屋顶”。2003 年，彭秋根第一次在屋顶堆土造田的时候，有人量了一下土层，断言厚度只有 15 厘米的土不可能种出好东西。没想到，如今屋顶成了聚宝盆。第一年，收获的萝卜特别好，信心倍增的彭秋根第二年种上了西瓜，没想到收获了足足 400 千克。他家的西瓜无污染，因为日照长而变得特别甜，自家吃不完还拿去卖，别人售 1.6 元/千克，他家却卖到了 3 元/千克，一个夏天挣了 1 000 多元。

这个在屋顶上种着玩的农民，去年在上海同济大学举行的世界屋顶绿化大会上获得了世界屋顶水稻最佳人物金奖，种出了中国农民的精气神！

三、杭州麦河生态农业屋顶菜园

方春富是杭州麦河生态农业开发有限公司的总经理，他也是屋顶种菜的实践者。从 2011 年开始，方春富就在其闲置的厂房屋顶上进行设施栽培，搭起了大棚种上了蔬菜。一眼望过去，在他这 1 000 平方米的屋顶菜园里，种着番茄、黄瓜、生菜等 10 多种蔬菜，不时会有一群蜜蜂飞来飞去。烈日下，楼顶大棚的温度约有 40℃。棚子刚一掀开，满眼的绿色一下子让人神清气爽，耳边隐约传来的轻音乐又让人有些陶醉。

有机蔬菜的种植大部分集中在蔬菜大棚内，看不到传统种菜所需要的土壤，采用的是喷雾栽培，也就是把蔬菜幼苗固定在泡沫塑料板上，然后定时将营养液直接喷在蔬菜的根系上，供给其所需的营养。生产的无农药无激素蔬菜采用带根销售，因气雾栽培生根，所以根很长很细，最长超过 1.8 米。目前主要供应高档酒店等高端客户，供不应求。因为屋顶菜园种出来的蔬菜，病虫害比地面的少，昼夜温差相对较大，这样培养出来的蔬菜，含糖量更高，味道更好。

但是，屋顶种菜并不是一帆风顺的。农庄刚开始生产时，蔬菜的成活率只有 5%，因设备引进后参数都是按照国外的，种下去的蔬菜全都因为“水土不服”没成活。于是，方春富边种边摸索经验，目前庄园里的蔬菜品种还比较简单，仅有青菜、香菜、马兰头、水芹菜、菠菜、草莓等品种。随着浙江省农科院“雾培基地”在麦河生态农业挂牌，今后 5 年时间，省农科院将持续提供优良种子、技术等。接下去，对于方春富来讲，单单一个屋顶菜园的产量已经满足不了需求，农庄二期、三期也即将投入使用，菜品将会越来越丰富。

四、阳台农业系统

嫌菜场贵，就自己种吧，让自家阳台变成自给自足的菜园。浙江大学长兴农业试验站的专家们设计了一套阳台农业种植系统：不用浇灌、不用土壤、不用杀虫、也不用施肥，想吃什么蔬菜瓜果，通过这套系统，就可以种植。

这套阳台农业种植系统的背后是一套计算机系统。这套系统的原理很简单：创造一个温室环境，通过系统来控制作物生产所需要的水分、肥料、温度，采用营养液来种植农作物。不久的将来，通过一套计算机系统就可以控制一户人家或者是一整幢楼的阳台农作物的种植，就可以建设真正的“生态楼宇”。

绿油油的大白菜、胖嘟嘟的水葫芦、悠闲快活的澳洲龙虾，由上而下，在 1 立方米的空间内自成一体，形成了一个完整的动植物微生态循环系统。其最大的优点就是不用换水，系统每隔 15 分钟会有一次水循环：

澳洲龙虾所在的玻璃缸里的水会顺着管道进入，进入种植大白菜的土壤里。而种植大白菜的土壤是由混合泥土、泥炭、珍珠岩等按照一定的比例调配而成的。龙虾的代谢物会被大白菜的土壤吸收，通过水体净化装置，干净的水便慢慢地从高处滴落，回到玻璃缸中。这样可以为龙虾增氧，同时生活在底部的鱼虾也是“水质检测员”，如果种植蔬菜的土壤里有毒素，鱼虾们首先会有不适反应。而蔬菜的种类也可以多种多样，按照这个原理，这套系统产业化的可能性很大。目前，这一套系统造价为 2 500～3 000 元。

阳台农业
盆式基质有机栽培系统

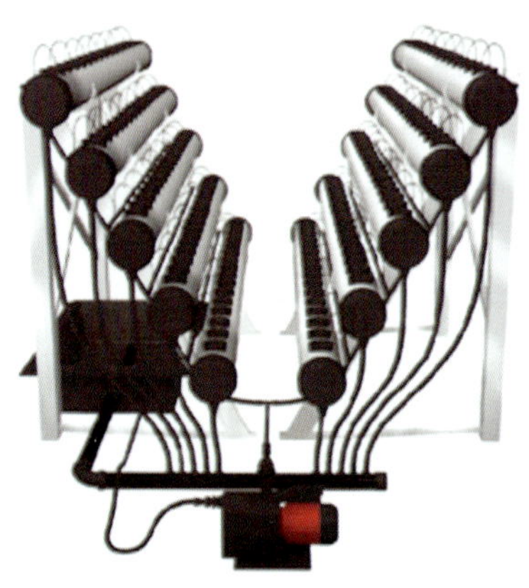

五、唐氏观赏鱼

休闲观赏渔业是一种以渔文化为主体的新型经济形态，是具有休闲、娱乐和求知功能的生态旅游形式。在“绿色”和“生态”概念日渐普及、渔业和旅游业产业地位不断提升的今天，休闲观赏渔业已经成为“绿色经济”导向下的一种产业选择。浙江渔业“十二五”期间的一大主攻方向是积极发展休闲观赏渔业。休闲观赏渔业将按照多元化、精品化、规范化的要求，突出渔文化内涵、产业特色和区域特点，向都市型休闲观赏渔业、黄金海岸型休闲渔业和山区生态型休闲渔业方向发展。

湖州唐氏渔业科技发展有限公司依托观赏鱼养殖特色产业和园区生态农业旅游资源优势，扩建公司观赏鱼养殖基地，统筹开发利用农（渔）家乐特质资源，打造唐氏观赏鱼农庄。唐氏观赏鱼地处湖州市南浔区善琏镇施家桥村，主要从事观赏鱼养殖，拥有四大系列，一百多个品种，内有研发中心，养殖中心，观赏区，盆栽区，休闲、办公室区等，是集休闲、观赏、研发、推广为一体的花园式现代农业园区。观赏鱼体现了渔文化和农耕文化，深度挖掘两种文化资源，特别是观赏鱼文化内涵，并加以凝练开发，提升了园区的文化品位。

1. 观赏鱼展厅

集四大系列，一百多个名特新奇优品种于一室的观赏鱼水族馆，是唐氏观赏鱼农庄旅游的核心亮点。上百个壁饰玻璃鱼缸中纷呈七彩金鱼、锦鲤、日本锦鲤、红龙鱼、金龙鱼、罗汉鱼、娃娃鱼、斗鱼、红剑、孔雀等观赏鱼，被称作“招财鱼”的血鹦鹉、红锦鲤，被称作风水鱼的“金龙”，以及中外众多名贵的龟鱼、千姿百态的热带观赏鱼品种。新年春节等传统节庆期间，面向大众客源，提供福寿吉祥、风水招财的礼品鱼龟。

2. 水上乐园

修建了水上乐园，引进一批趣味性强、老少皆宜的亲水游乐项目，以充气水球、滑道、滑梯、香蕉船等设施为平台，以水上游赏和娱乐为创意，让游客在体验水上运动的同时尽享水上休闲乐趣。

3. 生产养殖区

观赏鱼生产养殖区由苗种繁育池塘和大塘养殖鱼塘两部分组成，以池塘和鱼塘为景点，为游客提供优美的观赏鱼生产养殖环境，使游客在此享受游览过程，同时了解观赏鱼养殖知识和技术。除了对大众游客介绍观赏鱼相关养殖知识外，还为养殖培训实习基地服务，示范带动专业养殖农民。

4. 亲子乐园

一个较浅的圆形观赏鱼池，水底种植绿色水生植物，池内放养七彩鱼龟，由池内引出一段回水溪沟放养小鱼苗，出入口用网栅隔离，回水溪沟间留出 2 米步道，上面是松木茅草回廊，供孩子们在回廊下溪沟边戏水捞鱼。

第七章

农作制度创新工程技术案例

农作制度是农业生产经营的基本制度。创新农作制度，是以科学发展观为指导，按照农业生态学和生态经济学的原理，通过种植业和养殖业的多种新式的结合，以及水、旱作物的合理复种、轮作，对土地、物种、时空进行科学配置，购置优质高产、节本增收、安全生态的农作配套技术，形成农业的复合生态生产系统和产业化经营，实现物质的良性循环和能量的最佳转换，拓展生产的广度和深度，把传统的“老三熟”变成新型、高效的“多熟制”，让一亩地当二亩、三亩用，使有限的土地生产出更多的优质农产品，为建设资源节约型、环境友好型的可持续发展的现代生态农业服务。

农作制度创新，不仅是单项技术的配套，更重要的是综合技术的集成配套。而且要不断引进新品种、新技术，应用新的科技成果。如水产的混养、套养、轮养，品种、数量、时间，水体、立体的空间利用，各品种食物链之间的关系，液体和固体废弃物的自我消纳，病菌的交叉感染及防治等，需要不断进行科技创新，提高农作制度创新的科技水平。农作制度创新也是传统农业文化的传承和发展。农业生产中的传统智慧和宝贵经验能够传承下来，就是靠农业文化的强大渗透力。比如，青田的稻田养鱼，杭嘉湖的桑（果）基塘鱼，安吉的竹林养鸡，已经有久远的历史，充分体现了先农的智慧，以及东方文化的共生共育、人与自然和谐共处的传统。今天强调农作制度创新的理念，正是从文化层面上，把农民群众和科研人员的创造不断加以完善、深化，把中华民族传统农业精华同现代科学技术有机结合，赋予新的内涵，并在更大范围内推广普及。

20 世纪 60 年代至 70 年代中期，浙江农作制度上的一大创举是改单熟制为“三熟制”（即麦稻稻、油稻稻、肥稻稻），前后持续 20 多年，粮食亩产量从 250 千克提高到 400 千克，在全国率先超“纲要”，上千斤、超“双纲”，再到“吨粮田”，使浙江从缺粮省到自给省再到余粮省。80 年代中期进入调结构、增效益阶段，其特征是改双季稻成单季稻，减少粮食种植面积，增加经济作物面积。这时期农民收入明显，特色产业进一步发展，但随之也出现了土地利用率大幅下降，冬闲田和抛荒地大面积增加。这对土地资源紧缺的浙江来说无疑是极大的浪费。90 年代以来，随着工业化、城市化的加速推进，农业耕地资源减少、环境恶化的矛盾凸显。为了转变农业发展方式，实现可持续发展，各地通过农业科技推广和农民实践，大力推进新一轮农作制度创新，形成一批高效、生态、低耗的新型农作模式。近年来，各地充分尊重农民的首创精神，认真总结基层群众的实践创造，并注重把理论研究与生产实践有机结合起来，研究开发了一系列粮经轮作、立体种养、农牧结合、水旱轮作、农业废弃物再利用等新型农作模式。这些具有创新型的农作模式在推进农业转型升级和发展方式转变方面发挥了重要作用。

本章选取的农作制度创新创意案例，汲取农业科研单位的研发成果，融合传统农作制度精华和现代科技研发技术。它们植根于浙江农作制度创新创意的热土，是解放思想、实事求是的产物，也是顺应现代生态农业可持续发展导向，与时俱进的结果。

一、水稻旱作工程技术

浙江省农科院旱作粮油科技创新团队以旱作水稻为主题的创意农业实例，注重开展如下实践：

1. 旱作水稻创意农业以休闲农业为切入点，引导企业老板、离土乡民回归农业

在浙江省浦江，有上千万资产的企业老板投资种植旱作水稻，其出发点是手中有了资金，反哺农业是一种贡献；也有水晶工厂的老板种植旱作水稻，他们的出发点是，虽然生在农村、长在农村，但从来没种过田，种植旱作水稻，是一种新的体验，也表达了对养育他们多年的土地的感恩之情；也有七八十岁的、休耕多年的老人种植旱作水稻，他们体验的是以轻松的、休闲式的旱作水稻生产，来对比、回味、纪念多年前养家糊口压力下的繁重劳动。在南方，见惯了水稻的人们，种一小块旱稻，也是很新奇的。

2. 旱作水稻创意农业从选择品种、改变水稻生产环境入手，探索发展高产和高品质的农产品生产途径

常规水稻的生产全生育期淹水，现有水稻品种都适应这种生长环境，用于旱作，不同的水稻品种有不同的适应性。为了了解不同品种对于旱作条件的适应能力进行了对比试种。对比品种有丰良优1号、航香18、宁88、甬优9号、甬优15、浙优18等。不同品种在不同的立地条件下获得了每亩300～500千克的产量，其中甬优9号等籼粳杂交型水稻品种根系发达、耐旱，亩产能达到500千克左右的；而航香18等常规粳稻品种根系不够发达，适应能力较差，产量较低，但稻米品质良好。

由于旱作水稻脱离了淹水的环境，环境湿度降低，病虫害不易发生。多年实践证明，在生产过程中，除使用除草剂之外，后期不需再使用农药，历年所生产的稻米经农业部稻米及制品质量监督检验测试中心检测，17种农药成分有16种未检出，唯一检出的三环唑含量为0.01毫克/千克，只有安全食用标准（1.0毫克/千克）的1%；5种重金属含量2个未检出，检出的3个符合安全食用标准。

3. 旱作水稻创意农业从简化生产方式、开发水稻生长潜能入手，探索土地高效利用的新途径

旱作水稻充分利用江南地区春雨、梅雨的多雨季节抢雨播种，并采用免耕直播，播前无选择性除草，播后根据不同杂草确定选择性除草配方等技术。一方面简化生产，另一方面通过前期多雨培育壮苗，充分开发水稻非关键生育期的抗旱潜能，以及遇雨追肥使其快速恢复生长等技术，提高旱作水稻对环境的适应能力。多年来旱作水稻已经在金华、安吉、浦江等地的抛荒田、果园、苗圃起苗后无法耕种的土地以及红壤坡地等土地上成功种植，合计面积已经达到 1 000 多亩。

4. 旱作水稻创意农业从节水、节肥、节省劳动力资源的角度出发，探索低碳经济型的粮食生产途径

旱作水稻充分利用自然降水，开展节水栽培，如果遇到连续半个月以上不下雨，在有灌溉条件的地方，可进行适当灌溉，对产量影响不大；在没有灌溉条件的地方，水稻叶子白天卷曲，晚上遇土壤返潮水恢复平展，生长暂时停滞，遇雨可迅速恢复生长。只要不是很贫瘠和物理性状很差的土壤，旱作水稻不会绝收。

旱作水稻根系处于充分有氧的土壤环境中，根系活力高，对土壤养分的吸收能力强。试验证明，在较低肥力的土壤中，旱作水稻长势好于常规水稻，表现出节肥的特性。

旱作水稻从播种到收获均在旱地中进行，开展免耕直播、化学除草、机械化喷水、收获，劳动力投入及机械耗能只有常规水稻的 50%左右，是一种低碳经济型的粮食生产途径。

5. 旱作水稻创意农业从精细加工、精品包装创建具有高端市场竞争能力的品牌农业

旱作水稻由于改变了生产环境，除了除草，几乎不施农药，产品为无公害优质稻米，通过注册了商标，进行产品精

包装，在金华市区建有销售店铺 2 个，探索创建具有高端市场竞争能力的品牌农业。

高产旱作稻田 1

高产旱作稻田 2

红壤地粳稻与番薯

旱作水稻生理功能测定

果园水稻旱作

二、小流域综合治理模式

根据小流域自然和社会经济状况以及区域国民经济发展的要求，以小流域水土流失治理为中心，以提高生态经济效益和社会经济持续发展为目标，以基本农田优化结构和高效利用及植被建设为重点，建立具有水土保持高效生态经济功能的半山区小流域综合治理模式，实现小流域治理中生态、经济与社会效益的协调与统一。

1. 低山区模式

低山区（海拔>500 米）以发展林业为主，加强生态建设，增强蓄水功能和控水功能，同时发展多种经营。为加快发展林业，改造现有的低质次生林，采取施肥措施，营造阔叶林，增加林分郁闭度，对部分耕地进行还林，杜绝毁林开荒行为。发展果树生产，增加经济收入；修建和维修小型水库、塘坝，增加拦蓄水量及养鱼水面，发展水产养殖生产；利用林间空地种植药材，栽培食用菌类，发展多种经营。

2. 丘陵台地区模式

丘陵台地区（海拔 200～500 米）建立复合生态系统，

提高各类土地的利用率，开发利用中实现综合治理。从沟谷底部到坡面中部建立农田生态区，种植粮食和经济作物；分水岭以上营造针阔叶混交、乔灌结合的水土保持林，建立森林生态区；森林生态区下部建立草地生态区，以保护自然草地为主，发展畜牧业；在草地和农田之间建立果树生态区，以栽植果树为主，营造经济林。此外，对该区进行水利工程维修、改造、配套，提高其蓄、提、引水能力；实施农业工程措施，加强对局部地形的改造，提高蓄水保土能力。

3. 河谷平原区模式

河谷平原区（海拔＜200 米）地处小流域下部地带，自然条件好，多为农田栽培区，可改造中低产田，利用资源优势发展农副产品加工业。针对部分区域河道淤塞较严重，洪涝灾害频繁的状况，可采取清理河道、加固河堤、完善水利工程等措施提高防洪排灌能力。

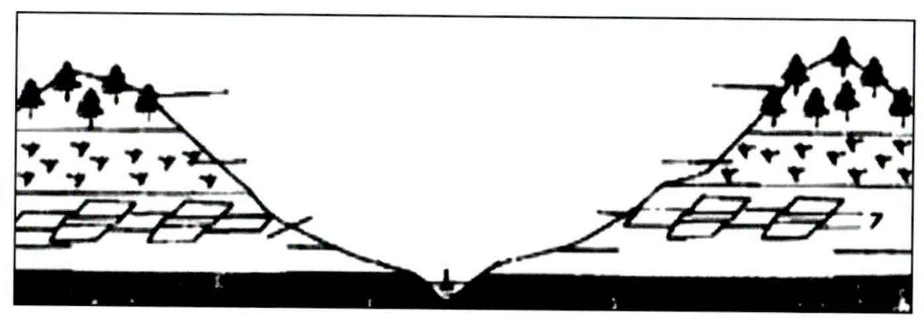

小流域综合治理模式

三、紫云英带荚翻压生产有机稻米技术

1. 技术概况

紫云英是南方稻区冬季绿肥的主栽品种，具有种植面积广、对水稻供肥效果好的特点。传统的紫云英绿肥利用方式是在紫云英盛花期将全株翻压还田后移栽早稻。浙江省紫云英与早稻轮作的翻压期一般在4月上、中旬，此时紫云英鲜草产量一般在1 500～2 000千克/亩。紫云英鲜草全量还田后早稻可减施化肥20%～30%，对减轻化肥引起的农业面源染问题，保护农田生态环境具有重要作用。

21世纪以来，由于水稻种植效益低下，早稻种植面积急剧下降，当前浙江省水稻种植已经以单季晚稻为主。2010年统计，全省单季晚稻的种植面积占水稻总面积的60%以上。紫云英绿肥与单季晚稻轮作时，如果紫云英绿肥在盛花期翻压，则与单季晚稻的茬口间隔期较长，一般在60天左右，在单季晚稻栽培时水田需要二次翻压，增加农民耕作成本，农民种植紫云英绿肥的积极性受挫。

2009年开始，浙江省农业科学院利用省农业重大绿肥重点项目，与台州市农业科学研究院合作，在仙居县试验推广紫云英带荚翻压生产绿色稻米技术，取得了良好的示范推广效果，使当地紫云英绿肥种植面积重新得到了恢复，对保护当地农田生态环境，提高单季晚稻种植效益发挥了重要作用。

2. 技术特点

稻田种植紫云英一般在盛花期产量最高时翻压还田，而紫云英带荚翻压则要到单季晚稻秧苗移栽前的6月初前后紫云英种子成熟时用旋耕机一次翻压入田。既可当有机肥料，又同时播种下季的绿肥种子。该项技术的特点是：

（1）通过紫云英结荚成熟后带种子翻耕，与单季晚稻实现茬口衔接，可减少1次机耕费用。

（2）紫云英带荚翻压时落到田里的种子，由于紫云

英种子具有硬实性，种子休眠期较长，需要等到单季晚稻收获时才能发芽，因此刚好可以作为下一季播种用的种子，免去种子成本和播种用工，可谓一举两得，一般可循环利用 3～5 年，达到一年播种，多年受益的目的。

这种待紫云英结荚成熟后再翻压做肥料的利用方式，既培肥了土壤，又省工省种节本，农户乐于接受，有利于面上推广。这种紫云英绿肥种植方式对于推进有机农业、减少农田面源污染、促进农田可持续发展以及新垦农田的快速培肥等都具有重要的推广意义。

3. 应用示范效果

据测定，在紫云英老熟枯黄时，其植株养分总量与产量最高时养分总量相比，减量很少，且由于目前农村劳动力缺乏，这一模式无疑是一个适宜的增加土壤有机质和地力提升的有效手段。试验结果表明，带荚翻压与不种绿肥相比，水稻产量增加 10.1%～14.1%，并提高了土壤有机质含量。2009 年开始，浙江省农科院利用这一技术与当地农技部门一起，联合当地合作社和农户，将项目的创新成果融入到当地绿色稻米产业中去。在仙居县朱溪镇采用绿色标准有机化生产稻米，进行绿色稻米品牌建设。先后引进了嘉优 99 号、扬两优 6 号、沪优 2 号、天丝香、钱优 100 等优良水稻品种进行比较试验和推广，在后塘村、西井村等建立杨丰山示范区。同时开展技术培训，加强新品种、栽培技术、药剂防治等的宣传。统一开展种冬绿肥，水稻化肥减量施用技术示范。专业合作社统一绿肥稻谷生产标准，进行统一收购、包装、销售。建立了 1 家管理合作社——仙居绿仓种养殖专业合作社，管理旗下涉及稻米的合作社计 11 家，涉及 28 个村，约 1 800 个农户。注册了“杨丰山”商标，获得了国家绿色食品认证。三年累计推广 2.3 万亩，增加效益 1 132.3 万元。

专家现场考查指导紫云英带荚翻压技术

紫云英带荚翻压后晚稻收割时的苗情状况

四、紫云英富硒菜生产技术

1. 技术背景

硒是人类必需的微量元素，医学有关研究证实人类长期硒元素摄入量不足容易引发多种疾病。土壤中的硒受地质、地貌、气候等因素的影响，分布极不均匀，世界上有 40 多个国家存在不同程度的缺硒。中国农业科学院 1980 年调查了我国除台湾省以外的所有地区，证实了除陕西、湖北及四川、贵州、湖南等省存在面积不大的高硒地区以外，有 72%的地区缺硒，其中包括华东地区的苏、浙、沪等省市。我国 20 世纪 90 年代初进行的总膳食结构调查，为全面评价我国膳食结构和营养质量提出了准确的资料和可靠的依据。结果显示，我国居民日常饮食中硒摄入量平均值为 43.3 微克/天，低于中国营养学会推荐的硒适宜摄入量下限 50 微克/天。因此开发富硒农产品，通过日常饮食提高人体硒摄入量，对于提高缺硒地区、缺硒居民群体的健康水平具有重要的意义。

已有研究表明，紫云英是一种对硒富集能力较强的作物，利用无机硒肥喷施紫云英植株可显著提高紫云英植株的硒含量。但是由于无机硒肥使用存在安全隐患，因此生产上很难推广使用。浙江省农业科学院环境资源与土壤肥料研究所经过多年的研究，探索总结出利用有机硒肥生产富硒紫云英嫩梢菜的技术，并在生产上示范推广，取得了较好的经济效益，提高了农民种植紫云英绿肥的积极性。

2. 生产方法

（1）选用商标为“硒霸”的有机富硒叶面肥（长沙隆兴化工有限公司生产），将有机硒肥与清水按质量百分比 1∶500 配比，得到混合均匀的有机硒肥稀释液。

（2）待紫云英生长至初花前的 20 天，一般在 3 月上中旬，第一次喷施有机硒叶面肥稀释液，隔 7～10 天，第 2 次喷施有机硒叶面肥。

(3) 有机硒肥总用量 4.05～6.75 千克/公顷，分 2 次均匀喷施紫云英植株叶面。

(4) 第 2 次喷施有机硒叶面肥后第 7～10 天采收紫云英嫩芽菜，所采嫩芽菜用水煮或青炒后供食用。

试验表明，按上述方法生产的紫云英嫩梢菜硒含量可达 115.9 ～200.5 微克/千克，符合富硒紫云英嫩芽菜的质量标准。

紫云英富硒菜生产试验

3. 经济效益

2009 年浙江省农科院环境资源与土壤肥料研究所在金华市婺城区蒋堂农业科学试验站进行紫云英富硒菜生产试验。当年在试验基地选择了 2 亩紫云英地，在紫云英初花前通过喷施有机硒肥，按要求喷施 2 次，待第 2 次用肥过后 7 天，将紫云英嫩梢刈割，嫩梢长度一般在 10～20 厘米，刈割后可作为新鲜蔬菜出售，一般市面售价为 5 元/千克。据测算，每亩地一般可收割紫云英嫩梢 200～300 千克，产值 15 000～22 500 元/公顷。2011 年当地紫云英富硒菜面积发展到 200 亩，产值达到 24 万元。由于紫云英宜菜用的嫩梢供应期短（一般只有半个月左右）和鲜嫩梢菜不耐保鲜和长途运输等原因，限制了该技术的产业化开发。但应用该技术在局部地区进行有限生产，实现当地生产当地消费，则可丰富当地的蔬菜资源，解决短期内叶菜供应紧张的问题。如果对紫云英富硒菜进行深加工，解决贮藏和运输问题，则会有更大的发展前景。

准备上市的紫云英嫩梢菜

加工后的紫云英鲜食嫩梢菜

五、农业畜禽养殖废弃物资源化利用

农业废弃物是农业生产和再生产链中资源投入与标的产出在物质和能量上的差额，是资源利用过程中产生的物质和能量流失份额。随着农村经济不断发展，农作物产量提高，畜禽养殖量增加，农产品加工产业快速发展以及新农村建设的展开，农业废弃物总量和种类呈上升趋势，特别是近十年来，随着浙江省农村城市化进程的加快，农民生活水平明显改善，农村青壮年劳力的流失和劳动力成本的增加，土地流转已大势所趋，对于可用作燃料、肥料等农业废弃物资源利用率反而降低，导致农业废弃物随意遗弃日趋严重。

1. 畜禽养殖废弃物处理现状

目前，我国每年畜禽粪便产生量约25亿吨，农业生产中植物性废弃物排放量达20多亿吨；而浙江省畜禽养殖规模逐年扩大，仅生猪饲养量就高达3 150万头，占肉类（畜禽）总量的76%，且规模化饲养量达70%以上，估算畜禽养殖废弃物的排放量高达3 500多万吨，畜禽粪便等废弃物产生量大且集中，其中富含有机物和多种矿质元素，而氮、磷、钾等植物需求的养分较高，并且还有逐年增加的趋势。浙江省的畜禽养殖集约化规模化程度在国内处于领先地位，由于规模化养殖区域所能提供承载的耕地面积不足，因此种养结合的生态化养殖在杭嘉湖平原及养殖发达地区已很难实现，畜禽养殖污染已经成为畜牧业乃至区域性社会经济发展的主要环境制约因素。

目前，国内外处理畜禽粪便无害化、资源化的主要方法是采用堆肥发酵技术生产有机肥。然而，在畜禽粪便堆肥处理中，粪便的高含水率一直是困扰堆肥快速升温发酵的技术瓶颈。据测定，通常以干清粪方式收集的畜禽粪便含水量普遍较高，猪粪高达70%～80%，牛粪达80%～90%，鸡粪相对稍低。众多研究发现生物堆肥适宜的物料含水率低于65%，而且含水率是影响堆肥能否快速升温腐熟的首要因素。因此要使畜禽粪便堆肥快速发酵升温，需添加能降低粪便含水量的辅料。要实现省本、高效、快速堆肥，在降低鲜粪含水率的同时，又要保持较高的堆肥养分含量，是堆肥化处置粪便的技术难点。

浙江省水产养殖发达。2007 年全省淡水养殖面积 322.5 万亩，年总产量 82.54 万吨，年总产值 153.3 亿元；2008 年全省家禽出栏近 3 亿只，对蛋白饲料需求量大。特别是浙江省的放养土鸡和外塘甲鱼的有机认证在国内居领先地位，对优质蛋白如鱼粉的需求量较大。浙江省是养殖业发达而饲料蛋白资源缺乏，人们设法用大豆类制品、棉粕、玉米干酒糟及可溶物（DDGS）、肉骨粉和畜禽下脚料等代替鱼粉，但这些替代物都存在氨基酸种类不足和含抗营养因子的问题。据国内外专家对蝇蛆营养成分分析表明，蝇蛆（干物质）含粗蛋白 50%以上，脂肪 10%～14%，甲壳素 8%～10%，且含有动物需要的多种必需氨基酸，高含量的常量元素和微量元素，丰富的脂溶性维生素 A、维生素 B 和维生素 D。蝇蛆中还含有多种生物活性物质，如具调节血脂作用的几丁低聚糖、抗菌肽、抗病毒活性物质、能清除羟基自由基的清蛋白和球蛋白等。在畜禽水产饲料中添加适量的蝇蛆，不仅可以提高畜禽水产机体的免疫力和减少抗生素的使用量，而且能保证畜禽水产品的安全和人类的健康。

近十年来，各级政府对农业废弃物处理利用技术研究的投入逐年增加，但集中处置的基础设施和技术规范还远未到位。这不仅使大量农业固体废弃物可再利用资源白白浪费，而且还造成农村环境污染，加大了农业面源污染治理压力，无法适应当前新农村建设要求。农业废弃物日益增多与处理技术滞后的矛盾，已成为制约农村生态建设的瓶颈因素之一。

2. 畜禽养殖废弃物处置与高值化利用技术

基于浙江省高蛋白饲料源短缺、农产品安全生产对有机肥的巨大需求，结合猪、鸡排泄物的特点和特性，开展通过猪、鸡粪蝇蛆生物脱水处理工艺、堆肥处理及产业化新模式研究，优化堆肥发酵工艺的快速、高效运行，进而获得优质的蝇蛆生物蛋白、商品有机肥料，还可进一步开发多种功能有机肥、多种作物专用肥，并可作为育苗及栽培基质的原料。蝇蛆蛋白进一步替代鱼粉等作为饲料原料进行水产养殖等高效循环利用，形成生态农业可持续发展循环产业链。

猪粪通过蝇蛆生物脱水后，水分降低 8～12 个百分点，无需添加辅料调节水分而直接堆肥发酵生产有机肥料，各项技术指标均符合国家相关标准，其中养分含量平均达到 8%以上，高于常规堆肥生产的商品有机肥。

养殖蝇蛆烘干的蝇蛆干粉的粗蛋白达到 56%以上，氨基酸含量高达 51.81%～56.12%。粗蛋白、营养指标、重金属等有害物质均符合国家蛋白饲料的相关标准。

在杭州天元农业开发有限公司已建成了年处理鲜猪粪 3 万吨、产鲜蝇蛆 2 000 吨的畜禽粪生态化处置与高值化利用示范基地。目前已形成日处理 80 吨鲜猪粪，日产鲜蝇蛆 4 000～4 500千克的国内最大规模的应用示范基地。该基地实施 2 年来，已累计处理猪粪 41 900 吨，生产鲜蝇蛆 1 010 吨，生产有机肥 9 300 吨，总产值 675.0 万元。在萧山江南猪场建成了年处理猪粪 6 万吨、生产有机肥 2 万吨的省内最大畜粪处理中心和生物堆肥化有机肥生产示范基地。2 年来，累计处理畜禽粪便等农业废弃物 10.5 万吨，生产发酵有机肥及基质系列产品 3 万吨 ，产值达 1 650.0 万元；同时该技术还向湖州等地辐射，在湖州南浔区千金镇湖州宏泉生物科技有限公司建立了利用蝇蛆生物脱水技术日处理 30 吨猪粪，产鲜蛆 1.5～2.0 吨的应用示范基地，为该镇实施美丽乡村，消除畜禽养殖污染做出了贡献。

3. 农业固体废弃物资源化利用前景

近十年来，各级政府对农业废弃物处理利用技术研究的投入逐年增加，但集中处置的基础设施和技术规范还远未到位。据浙江省农业厅调查，随着浙江省农业结构的大幅度调整和大力发展效益农业，以及农产品优质安全标准化、产业化进程的大力推进，养殖业产生的有机肥源仅能满足种植业对有机肥需求量的20%左右，另外浙江省现有中低产田总面积高达720多万亩，其中低产田面积235万亩，40多万亩低产茶园有待改造。

浙江省“十二五”规划指出，到2015年底，全省畜禽规模化养殖水平将达到90%，新建畜禽粪便收集处理中心200个，畜禽养殖场排泄物综合利用率达97%；农作秸秆综合利用率80%以上；要全面实施500万亩标准农田质量提升项目，设施农业面积达300万亩，均需要大量的有机肥。浙江省被列入农业部“测土配方施肥、与耕地质量提升”的试点省份，要求有机肥使用量占施肥量的20%以上，因此有机肥产业化技术的应用前景十分广阔；畜禽、水产养殖业替代性饲草、蛋白质原料的需求量很大，迫切需要大量价廉、物美且易得的饲料来源。因此，利用农业固体废弃物资源化生产无害化、功能化、标准化、有机化基质，可实现废弃物的资源化循环利用。

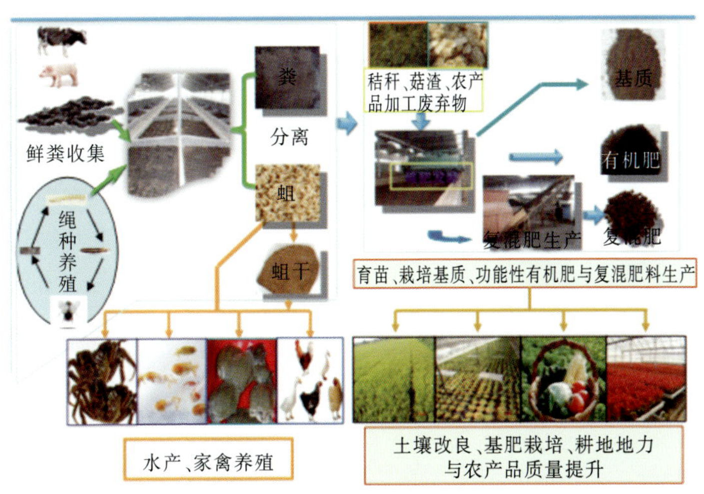

畜禽养殖固体废弃物蝇蛆处理资源化循环利用模式

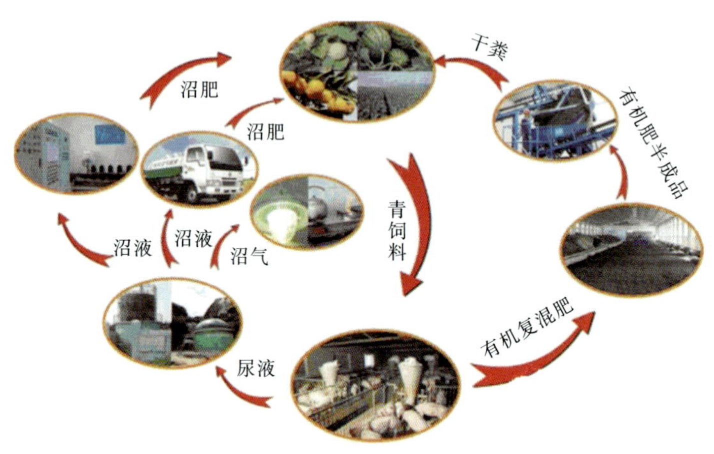

畜禽养殖废弃物处置与高值化利用

六、沼气综合利用模式

以农户为基本单元，以沼气为纽带，通过生物能量转换技术，将沼气池、猪舍、果园有机结合，把畜禽养殖和林果、粮食、蔬菜种植等连接起来，畜禽粪便入池发酵产生沼气和沼肥，沼气点灯做饭，沼肥用于种植，形成“猪—沼—菜”、“猪—沼—粮”、“猪—沼—果”等以沼气为纽带的生态农业模式，提高农民收入。该模式对增加优质能源供应、缓解国家能源压力具有重大的现实意义。建设一个 8 立方米的户用沼气池，年均产沼气 385 立方米，相当于替代 605 千克标准煤，可解决 3～5 口之家一年 80％的生活燃料；建一个靠近沼气池的 1.5 亩以上果园，沼渣和沼液输入果园，可使收入增加 1 倍；一个年存栏 1 万头育肥猪场大中型沼气工程，年可处理鲜粪 7 200 吨左右，生产沼气约 55 万立方米，每年给居民的供气量相当于 850 吨标准煤。

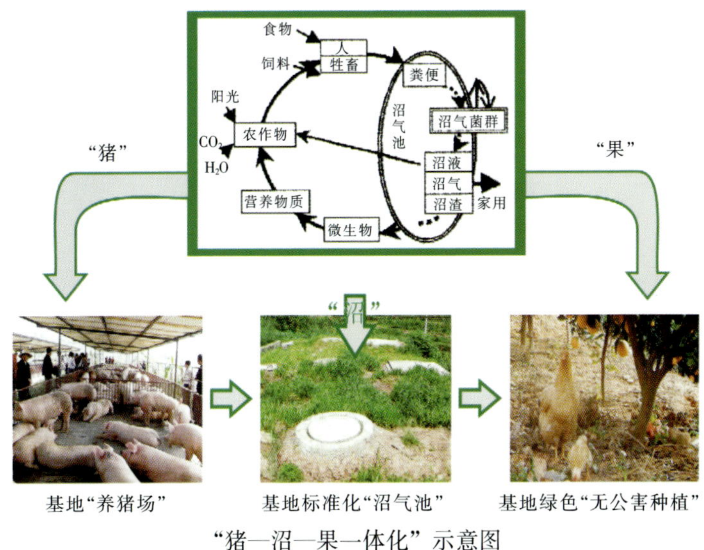

基地“养猪场”　　基地标准化“沼气池”　　基地绿色“无公害种植”

“猪—沼—果一体化”示意图

七、“四位一体”农业模式

在自然调控与人工调控相结合条件下，利用可再生能源（沼气、太阳能）、保护地栽培（大棚蔬菜）、日光温室养猪及厕所等4个因子，通过合理配置形成以太阳能、沼气为能源，以沼渣、沼液为肥源，实现种植业（蔬菜）、养殖业（猪、鸡）相结合的能流、物流良性循环系统。这是一种资源高效利用，综合效益明显的生态农业模式。“四位一体”（沼气池—畜禽养殖—厕所—日光温室）生态农业模式及生产过程示意图如下：

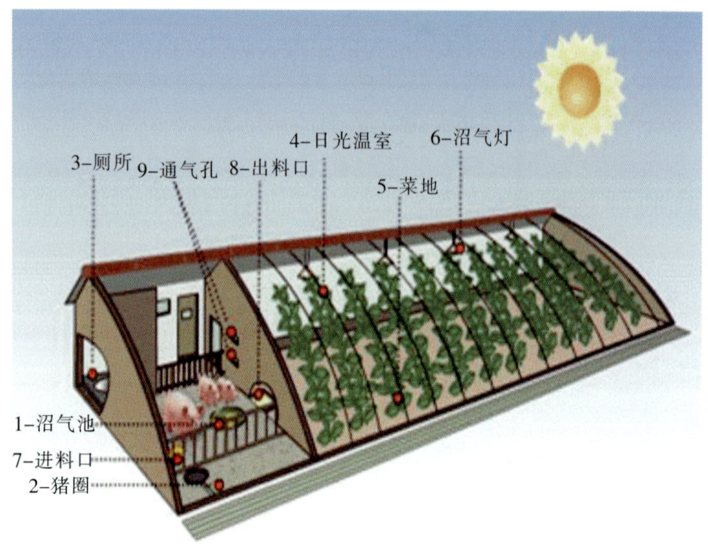

“四位一体”生态农业生产过程示意图

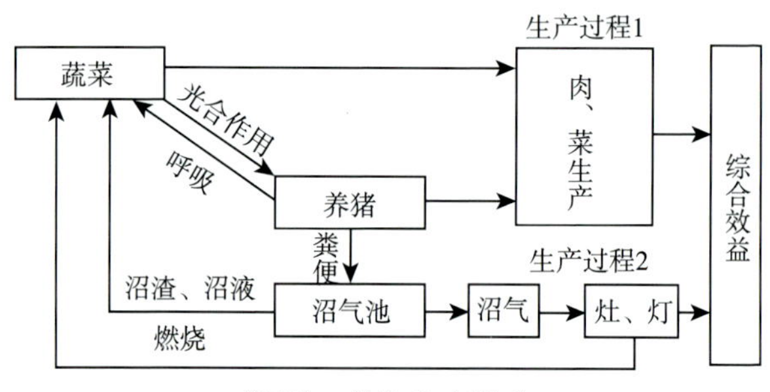

“四位一体”生态模式

八、多熟与多样化种植，果园套养模式

1. 瓜、果园套养土鸡模式

橘园68亩、吊瓜22亩、年套养鸡9.85万只，年出栏6.55万只，年创收入182.6万元，创利润29.5万元。一方面，鸡对果树有供肥、灭虫的作用。每亩果园养成鸡50只，则可年产鸡粪1 250千克，相当于83千克磷铵，85千克过磷酸钙，以及16千克氯化钾所含的养分。因此，套养鸡既

增加了土壤中有机质的含量，又改善了土壤的理化结构，可使果品增长10%以上。果园养鸡，鸡粪直接用于果树的生长，不贮存，减少了场地污染，又节省购买化肥或有机肥的费用。鸡不停在果园周围巡逻，大量捕食白蚁、金龟子、小地老虎等害虫的成虫和蛹，节省了部分杀虫费用的开支；同时，由于鸡啄食大量杂食，既减少了劳动力，又降低了管理成本。另一方面，鸡啄食果园中的杂草害虫，增加了鸡蛋、鸡肉产量，鸡粪用作果树的有机肥，增加果品产量。由于生物治虫、施用有机肥，减少了农药化肥的使用量，降低果品中农药、化肥的残留，提高了果品质量和农户养殖效益。

果园套养土鸡模式

2. “西瓜＋豆角—茄子＋丝瓜”立体种植模式

西瓜套种架豆角：2月育西瓜苗，3月中旬移入大棚，西瓜株行距0.54米×1.50米，在西瓜爬蔓的空当种上豆角，豆角在西瓜行中间套种，行距0.5米，株距0.35米，每亩2 500穴左右，西瓜在地面爬蔓，豆角沿棚柱向上爬蔓，立体种植充分利用大棚空间。豆角由于空间透气性好而长的旺，西瓜由于豆角的固氮作用少施化肥而特别甜，摘完豆角和甜瓜，又种上茄子和丝瓜，亩产经济效益达1万元。

“西瓜＋豆角—茄子＋丝瓜”立体种植模式

3. 林木（或果树）与作物间作

林木（桐、杨、桑等）或果树（苹果、桃树、梨树、枣树等）与农作物（麦子、甘薯、大豆、蔬菜、绿肥、棉花等）立体种植，可以充分利用土地、时间、空间和光热资源（尤其在林木和果树幼年期），改善农田小气候，增加农民收益。枣、粮间作比纯粮田增收 100%～120%；枣、棉间作比纯棉田增收 60%～70%；枣树下面种植黄花菜的，还可每亩增收 50～100 元。

4. 小麦、西瓜、玉米、大白菜立体种植

该模式的畦宽为 230 厘米，每畦种 6 行小麦，1 行西瓜。其中小麦行距 26 厘米，西瓜行距 72 厘米（在播种小麦时预留）。小麦适时播种。翌年谷雨前后西瓜种子催芽、育苗种植，株距 66～83 厘米。小麦收获后半个月左右，在西瓜成熟坐胎时点种玉米，每畦 3 行，53 厘米等行距，株距 26 厘米。采用该种植方式，亩产小麦 300 千克、玉米 400 千克、西瓜3 000千克、大白菜 350 千克，总收入 1 840 元，

除 220 元成本外，亩纯收入达 1 080 元，实现了“双千田”。

5. 旱粮分带轮作

在浙江等长江中下游地区的旱地种植制度，一般一年种麦—薯两熟甚至只种一熟甘薯，复种指数较低，土地利用率不高。采用旱粮分带轮作，一年三熟，如小麦/春玉米/甘薯分带轮作。

九、安吉伟薇农庄——种养循环、农旅一体

安吉伟薇农庄生态农业科技示范园坐落于安吉县山川乡马家弄村，是一个以生态循环农业开发为宗旨，集种植、养殖、农业技能培训和旅游休闲为一体的绿色生态农业科技示范园，建立一整套养殖—沼气—种植的生态种养结合生产模式。同时在示范园的基础上，进行山地资源综合开发，立足示范园区山清水秀和“绿色环保”的特点，形成集“自然—生产—休闲—康乐—消费”于一体的景观综合体，发展体验农业与生态循环农业。

安吉伟薇农庄采用生态循环农业模式，利用高新农业技术和现代生物工程技术进行农业生产。主要生态循环农业模式包括：

1. 物质分级多层利用模式

建设微生物菌肥生产系统。设置集中沼气池，集中收集人畜、农作物废料、垃圾土堆发酵或沼池发酵，生产微生物肥料，用于无公害和有机蔬菜生产。同时解决了养殖业粪便污染问题，形成“畜—沼—菜”、“畜—沼—果”为主的结构优化模式，实现物质能源多层次利用，将羊粪、鸡粪和其他农家肥用于种植果树、蔬菜，形成生物链，保持生态平衡，降低成本，减少环境污染。

2. 生态农业种养结合技术

建立无公害蔬菜绿色基地和生态果园，均按高标准建设。生态果园的建设，首先营造防护林，根据不同的坡度，做好水土保持工程，同时建设节水排灌设施及绿肥饲料基地。建年产

200 头的养羊场和 3 000 只的养鸡场，果树行间种经济作物（如牧草、花生、大豆、绿肥等），建立“果—羊—沼—菜”等生态模式，采用生物防治为主的病虫害防治模式，依托科研院校的技术力量构建生物防治体系，创造良好的天敌生存环境。

3. 节水灌溉技术

整个园区全面疏通灌溉渠道，衬砌排水渠，合理利用水源。在蔬菜示范区使用喷灌、滴灌方式进行灌溉。

微灌系统结构简单、操作方便，灌水分布均匀、精确、效率高，可节水，节省劳力，提高产量和品质。

4. 无公害蔬菜栽培技术

园区采用以农业防治为基础，结合物理防治和生物防治，少量、合理地使用高效低毒低残留农药的综合防治技术。

农业防治：根据病虫害的消长规律，综合运用先进的栽培技术，创造有利于蔬菜生长而不利于病虫发生的环境条件，使蔬菜健壮生长和发育，增强蔬菜抵抗力，从而抑制部分病虫害的发生，避免或减轻危害。

生物防治：采用植物提取液、沼液代替农药喷洒在果蔬叶面，防治病虫害。

物理防治：利用各种物理因素、人工或器械杀灭病虫害的方法。如防虫网、人工捕杀、灯光诱杀、色板（膜）诱虫。

化学防治：化学防治是综合防治中必不可少的重要手段，是及时控制病、虫、草的有效措施，但必须合理使用，如种子土壤消毒、既要发挥化学农药的作用，又要减少对天敌伤害及对环境的污染，蔬菜施药应本着“安全、经济、有效”的目的，遵循“严格、准确、适量”的原则。

5. 果树、蔬菜等种植技术的基本生产技术流程

新品种引进试种⟶筛选适应本地区的优良品种⟶基地种植⟶栽培技术培训⟶种苗繁育⟶大面积推广种植⟶市场开拓⟶产品销售。

6. 禽畜养殖生产流程

引进良种——→自繁自育——→选种——→基地饲养——→技术培训——→育肥——→商品禽畜——→推广养殖——→开拓市场——→产品销售。

7. 菌肥生产工艺流程

有机肥采集——→集中——→施入专用菌液——→堆泥发酵——→掺入沼渣——→干燥——→制粒——→装袋——→使用。

十、青田稻鱼共生系统

稻鱼共生系统也就是我们常说的稻田养鱼，是一种典型的生态农业生产方式。在这系统中，水稻为鱼类提供庇荫和有机食物，鱼则发挥耕田除草，松土增肥，提供氧气，吞食害虫等功能，这种生态循环大大减少了系统对外部化学物质的依赖，增加了系统的生物多样性。作为一种典型的农田生态系统，水稻、杂草构成了系统的生产者，鱼类、昆虫、各类水生动物如泥鳅、黄鳝等构成了系统的消费者，细菌和真菌是分解者。稻鱼共生系统通过“鱼食昆虫杂草—鱼粪肥田”的方式，使系统自身维持正常循环，不需使用化肥农药，保证了农田的生态平衡。另外，稻鱼共生可以增强土壤肥力，减少化肥使用量，并实现系统内部废弃物“资源化”，起到保肥和增肥的作用。有分析表明，稻鱼共生系统内磷酸盐含量是单一种植系统的 1.2 倍，而氨的含量则是单一种植系统的 1.3～6.1 倍。另外，系统中的鱼类还可松土，提高土壤通气性，改善土壤环境。

青田县的稻田养鱼自唐睿宗景云二年（711）置县以来，就有养殖，至今已有 1200 多年。清光绪《青田县志》中有“田鱼，有红、黑、驳数色，土人于稻田及圩池养之”的记载。这是有关青田田鱼养殖的最早文字记录。2005 年 5 月 16 日，联合国粮农组织在世界范围内评选出了 5 个古老的农业系统，作为世界农业遗产进行保护。作为有着 700 多年历史的农作方式，浙江青田的稻田养鱼成为中国乃至亚洲唯一的入选项目。

稻鱼共生系统的保护得到了国际组织、农业部、浙江省政府和中国科学院的资金和科技支持，其影响力和知名度大大增加，为地方发展提供了很多机会；其次，社会主义新农村建设为稻鱼共生系统的保护提供了很好的机遇，稻鱼共生系统能够充分利用农户在生产、生活过程中产生的畜禽粪便、秸秆、淘米水、烂菜叶、厨房洗涮水、剩菜剩饭等废弃物，减轻生活环境污染，与“村容整洁”要求契合。稻鱼共生系统还是具有良好的经济效益，且具有可持续发展的潜在能力，并且与“生产发展”、“生活富裕”要求有机联系，稻鱼共生系统所体现的生态文明思想也是“乡风文明”的重要组成部分；再次，农产品的安全问题促使越来越多的人选择安全、无污染的无公害产品、绿色产品、有机产品等。稻鱼共生系统所生产出的产品安全、健康，正迎合了现代消费者的需求；最后，稻鱼共生系统中稻鱼的共生作用能很好地解决农村的生态环境问题，减少化肥农药的污染。

近五年来，中科院、浙江大学等研究机构对青田的稻鱼共生系统进行了系统研究，范围涉及生物多样性、生态系统、农业多功能性、传统文化、旅游发展等多个方面，在国内外知名杂志发表相关文章数十篇，出版的《农业文化遗产研究丛书》中有大量内容涉及青田的稻鱼共生系统。此外，县政府成立了专门的工作组，大量投入资金建设方山乡和龙现村的基础设施，2010 年 5 月还举行了稻鱼共生博物园的修建奠基仪式。与此同时，通过广泛宣传和政府的高度重视也提高了当地居民对稻鱼共生系统重要性的认识，激发了他们的保护热情，很多村民开始从保护中看到发展的机会，尤其是在有机食品生产和乡村旅游发展方面。此外，青田县农业文化遗产旅游资源的内涵也被充分挖掘出来，农业文化遗产旅游已成为青田主打旅游项目之一，旅游知名度不断提高，游客量也随之增加，全县旅游收入将在 2004 年的基础上出现一个飞跃，成为农业文化遗产地品牌效应的生动例子。

参考文献

[1] 马俊哲．关于创意农业学科体系的初步构想［J］．农产品加工，2010（1）：17－19.

[2] 王志刚，汪超，许晓源．农户认知和采纳创意农业的机制：基于北京城郊四区果树产业的问卷调查［J］．中国农村观察，2010（4）：33－43.

[3] 王爱玲，刘军萍，秦向阳．创意农业的概念与创意途径分析［J］. 中国农学通报 2010，26（14）：409－412.

[4] 厉无畏，王慧敏．创意农业的发展理念与模式研究［J］．农业经济问题，2009（2）：11－15.

[5] 厉无畏，顾丽英．创意产业价值创造机制与产业组织模式［J］．学术月刊，2007，39（8）：78－83.

[6] 厉无畏．创意改变中国［M］．北京：新华出版社，2009.

[7] 任钰，郭华，何忠伟等．北京创意农业发展模式与机制创新研究［J］．北京农学院学报，2010，25（3）：41－45.

[8] 任钰．北京创意农业发展研究［D］．北京：北京农学院，2011：22－23.

[9] 刘丽伟．发达国家创意农业发展内在机理研究——以荷兰、日本、德国、英国为例［J］．世界农业，2010（6）：20－24.

[10] 刘丽伟．国内外都市型创意农业比较及其发展价值分析［J］．世界农业．2010（5）：19－22.

[11] 刘丽伟．欧洲创意农业方兴未艾［J］．农村．农业．农民（B

版），2010（10）：32－33.

［12］刘丽伟．发达国家创意农业发展路径及其成功经验［J］．学术交流，2010（8）：79－82.

［13］张荣娟，陶卓民．南京创意农业发展的途径与方法初探［J］．中国农学通报，2010（17）：422－426.

［14］陈良伟，成雪芳，周平．浙江创意农业发展研究［J］．浙江现代农业，2011（8）：15－18.

［15］陈剑平，．农业综合体：推动区域现代农业发展的新载体［N］．农民日报，2012－11－01.

［16］浙江省休闲观光农业十大精品线路评选［OL］．http：//www. zjagri. gov. cn/programs/ggnytp/view. jsp？ id＝1.

［17］我厅举办 2013 年度浙江休闲农业推介活动［OL］．http：//www. zj. gov. cn/art/2013/5/9/art _ 13105 _ 686002. html.

后　记

改革开放以来，浙江农业发展经历了从传统农业向效益农业进而向高效生态农业的历史性转变，现代农业建设迈出了坚实步伐。特别是近几年来休闲观光农业的蓬勃兴起、农业节事活动的广泛开展、农村文化建设的大力推进和现代农业园区的积极创建，使创意农业成为农业增效、农民增收的一个新亮点。

发展创意产业对于加快农业发展方式转变，催生做大新兴农业，打造浙江农业"升级版"，再创浙江农业发展新优势，具有十分重要的意义。但从整体上看，浙江省创意农业还处于起步阶段，需要各方面从战略高度来认识和助推这一新兴产业，从而激发全社会参与农业创意的热情。学者和业界也应该及时梳理总结创意农业发展经验，用于指导创意农业的健康发展。

由浙江省创意农业工程中心（依托于浙江省农业科学院）编著的这本《浙江创意农业 50 例》，是浙江省农业科学院的专家们在全省各地充分调查研究的基础上，全面反映创意农业发展实践的最新成果。案例紧密联系浙江省创意农业发展实际，围绕休闲观光创意农业工程、智能化创意农业工程技术研发、创意农业技术研发、非耕地创意农业工程技术研发、农作制度创新等主题，深度发掘现代农业科技知识与传统农业智慧，及时展示了浙江省创意农业前沿技术和产业创意点。

本书的编著坚持实证调研与资料搜集相结合，按图文并茂的要求，案例选择衔接农业生产“产前、产中、产后”产业链，联系“土、肥、水、种、密、保、工、管”多环节，涉及农、林、牧、副、渔、游多学科创意领域。部分典型案例对于拓展创意农业实践的内涵和外延，整合农业多功能开发全产业链，提升农产品附加值，融合农业的生产、生活、生态，发掘农业休闲、体验、科普教育、文化传承等多种功能，进而推动一、二、三产业融合互动和创意农业健康发展有直接的借鉴意义。

本书在调研、编写与出版过程中得到了浙江省人民政府研究室、浙江省农业厅、浙江省农办、浙江省发改委、浙江省农科院等单位或部门的大力支持，在此表示感谢。在资料收集过程中，各有关县（市、区）农业局，有关乡镇（村）及创意农业点和创意农业实体业主的大力支持，特别是得到了案例点的农业园区、农民专业合作社、农业企业等的热情帮助，并提供了大量的写作资料与素材，在此表示衷心感谢。同时，浙江省农业科学院王卫平、王建红、马军伟、付庆林、张成浩、朱申龙、李伯钧、张冬青、徐志福、陈喜靖、符建荣等专家同仁为案例编写提供科研成果素材，在此一并致谢。

我们非常荣幸邀请到中共浙江省委副书记、浙江省政府李强省长在百忙之中为本书拨冗作序，在此深表感谢。

由于创意农业是一个牵涉面非常宽泛的全新的农业业态，也是一项涉及多学科、多技术、多功能、多创意的复合性系统工程，同时浙江省创意农业发展尚处于起步阶段，相关研究仍较为滞后，现有创意农业实践还较为分散，加之受时间仓促及研究者水平的限制，典型案例的收入、归类和编著中肯定存在着许多的遗漏与不当之处，恳请各位专家、学者和相关创意农业经营主体不吝赐教，并提出宝贵意见。

我们衷心期待，农业领域的专家学者、规划设计人员、基层农业干部和现代农业经营者，以及对创意农业有浓厚兴趣的社会各界人士，通过阅读本书有所收获。

编著者

2013 年 10 月

作者简介

胡　伟　男，1955年出生，甘肃民勤县人，研究员。毕业于英国剑桥大学，地理学博士。英国米德萨斯大学人文学院、伦敦大学国王学院任讲师和高级讲师，中山大学旅游学院副教授。在国内外学术刊物发表中英文论文70余篇，专著3部。自20世纪80年代起主持或参与省级和国家级科研项目，曾获世界银行、美国地球监测卫星公司（EOSAT）等多个项目基金。2008年起任浙江省农业科学院首席科学家、学科带头人。现主要从事可持续农业发展、观光农业与乡村旅游等方面的研究工作。

胡　豹　男，1972年9月生，江西九江人，毕业于浙江大学，管理学博士，浙江大学与浙江省农业科学院联合培养的工商管理博士后。浙江省农业科学院学科带头人，浙江省人民政府咨询委研究员。在国内外核心刊物公开发表学术论文60余篇，出版学术著作10余部。主持或参与国家、省部级课题50余项。先后获浙江省科学技术奖二等奖3项，三等奖2项。现主要从事农业经济理论、政策及管理研究。

邱乐丰　男，1985年出生，浙江湖州人，助理研究员。毕业于浙江大学，农学博士。2012年起加入浙江省农业科学院农村发展研究所农家乐休闲旅游课题组，主要从事可持续农业发展、农业规划等方面的研究工作。

方　豪　男，1982 年出生，浙江金华浦江人，助理研究员。浙江农林大学城市与规划设计专业研究生毕业。2012 年进入浙江省农科院，主持浙江省软科学和公益类等多个项目。主要从事农业规划、新农村景观改造等的研究。

米松华　女，1977 年 8 月生，黑龙江哈尔滨人，助理研究员，毕业于浙江大学，管理学博士。2013 年进入浙江省农科院，在国内一级期刊和 EI 期刊发表多篇学术论文，主要从事农业资源环境及农村人力资源开发研究。

图书在版编目（CIP）数据

浙江创意农业50例 / 胡伟等编著．—北京：中国农业出版社，2013.10（2023.6重印）
ISBN 978-7-109-18463-3

Ⅰ.①浙… Ⅱ.①胡… Ⅲ.①农业发展-浙江省 Ⅳ.①F327.55

中国版本图书馆CIP数据核字（2013）第245230号

中国农业出版社出版
（北京市朝阳区农展馆北路2号）
（邮政编码 100125）
责任编辑 赵 刚

中农印务有限公司印刷 新华书店北京发行所发行
2013年10月第1版 2023年6月北京第2次印刷

开本：889mm×1194mm 1/32 印张：6.875
字数：165千字
定价：68.00元